Bibliografische Information der Deutschen Nationalbibliothek: Die Deutsche Nationalbibliothek verzeichnet diese Publikation in der Deutschen Nationalbibliografie; detaillierte bibliografische Daten sind im Internet über http://dnb.dnb.de abrufbar.

© 2019 Manuel Jork

2. Auflage Oktober 2020 Originalausgabe

Umschlagfoto und Design: Thomas Berg, Lübeck, www.bilderberg.tv

Herstellung und Verlag: BoD – Books on Demand, Norderstedt

ISBN: ISBN 978-3-7357-8308-0

EDITION 99
»Dem Menschen, der er einmal werden wird«

Manuel Jork

Artgerechte Haltung von Menschen

Wie Sie mit widersprüchlichen und empfindlichen
Menschen sinnvoll zusammenleben können

»Das fehlende Glied zwischen Mensch und Affe sind wir selbst.«

– Konrad Lorenz

Gemeinsames Denken und Handeln ist mein Anliegen für die ferne Zukunft. Ich unterscheide dabei nicht zwischen Interaktionen von Familien, Freunden, Nachbarn, Mitarbeitern oder Kollegen. Ich wende mich an alle Menschen in allen Beziehungsformen. Ich schreibe gleichermaßen für weibliche Leserinnen und männliche Leser und denke dabei auch an Lesende, die sich anderen Geschlechtern zugehörig fühlen. Ich sehe die Vielfalt und würdige die Gleichrangigkeit. Ich mache es mir nur so einfach wie möglich mit der Schriftsprache.

Vorwort

Die Welt ist in Bewegung. Schmelzende Pole, Hitzewellen, Wassermangel: Die Effekte des Klimawandels sind unübersehbar. Auch wenn die Zahlen erst langsam ins Bewusstsein dringen. 200 Millionen Klimaflüchtlinge in den nächsten 30 Jahren. 800 Millionen Menschen, die bis 2050 von Stürmen und steigendem Meereswasserspiegel bedroht sind. Und 9 von 10 Menschen, die bereits heute verschmutzte Luft einatmen. Wir müssen dringend handeln – und das geht nur gemeinsam. Kein einziges der anstehenden gesellschaftlichen oder ökologischen Themen kann im Alleingang gelöst werden. Während diese Erkenntnis nicht neu ist, hapert es oft bei der Umsetzung. Menschen verhaken sich in Widersprüchen. Wir möchten mit anderen Menschen gemeinsam unser Leben gestalten und gleichzeitig weichen wir vor anderen Menschen zurück. Vor allem dann, wenn sie anders sind. Dabei liegt genau in der Unterschiedlichkeit von Menschen das Potential, neue Wege zu entdecken – und gleichzeitig miteinander zu wachsen.

Dieses Buch zeigt lebensnah und pointiert wie ein Zusammenleben und -arbeiten unterschiedlicher Menschen gelingen kann. Die Andersartigkeit von Menschen begreift Manuel Jork nicht als Hürde für gelungene Kooperation, sondern als Chance, daraus gemeinsam Potentiale zu entfalten. Damit ist dieses ein optimistisches Buch und eine Navigationshilfe. Noch ist Zeit, ein ökologisches Gleichgewicht wiederherzustellen. Gemeinsam können wir es schaffen.

– Dr. Felicitas von Peter
Active Philanthropy

Bevor Sie sich für einen Menschen entscheiden

Menschen haben ein Gehirn. Es dient dazu, Potentiale des Menschen zur Entfaltung zu bringen. Potentiale sind Möglichkeiten. Menschen verfügen über eine unerschöpfliche Vielfalt von Möglichkeiten. Sie sind fein gestimmte Lebewesen, die elastisch sind und viel aushalten. Sie sind empfindsam und empathisch, sie können sich selbst und andere reflektieren, sie können Wissen und Erfahrungen auf unterschiedliche Handlungsfelder übertragen und sie können die Wirkungen ihres Handelns vorhersehen. Sie können damit großartige Taten vollbringen.

Es gibt aber einen Haken.

Kein Gehirn existiert für sich allein. Das klingt befremdlich. Vor allem für Individualisten. Ist aber wahr. Gehirne interagieren immer mit anderen Gehirnen. Potentiale entfalten sich folglich nur durch das möglichst sinnvolle Zusammenwirken von Menschen [1]. Je unterschiedlicher die Menschen, desto vielfältiger die Möglichkeiten. Menschen können nicht nicht interagieren. Sie haben also gar keine Wahl. Sie müssen kooperieren. Das möchten sie aber nicht immer. Idealerweise kooperieren sie mit unterschiedlichen Menschen. Das möchten sie aber noch weniger. An dieser Stelle entstehen Spannungsfelder, jede Menge Widersprüche und Empfindlichkeiten. Hier können Sie nun Einfluss nehmen, sollten Sie sich für das Zusammenleben mit einem Menschen entscheiden. Sie können ihm behilflich sein, diese Spannungsfelder zu überwinden und seine Potentiale zu entfalten. Die folgenden Seiten sollen Sie ermutigen, dies zu tun. Trotz aller Widersprüche wird das Zusammenleben mit Menschen beglückende Momente für Sie bereithalten.

Inhalt

Teil 2
Das empfindliche Innenleben
der Menschen   123

Teil 3
Wie Sie Menschen artgerecht ansprechen   153

Nachschlag   215

Teil 1
Das widersprüchliche Innenleben der Menschen

Haben Sie schon einmal jemanden wie Harald kennengelernt? Harald ist ständig in Bewegung, kennt sich mit allem aus und packt überall mit an. Er arbeitet schon seit vielen Jahren als Laborant, allerdings ohne Führungsverantwortung. Er hat seinem Chef jedoch ständig angeboten, alle möglichen Dinge für ihn zu erledigen. Mit viel Enthusiasmus ist er auch gern bereit, seine Kollegen auf Trab zu bringen. Der Chef hat das natürlich abgelehnt. Anfänglich. Dann aber kam der Tag, an dem er schwach wurde. Harald ist eben wirklich hilfsbereit und er schafft was weg. Er handelt wo andere nur reden. Von dem Tag an hatte Harald den Fuß in der Tür und sein Chef konnte nicht mehr Nein sagen, wenn er ihm seine Hilfe aufdrängte. Da Harald die Arbeit nicht auslastet, hat er mit seiner Frau einen kleinen Catering-Service aufgemacht. Es gibt kaum eine Abteilung im Unternehmen, in der er nicht schon eine Geburtstagsfeier oder ein Buffet ausgerichtet hat. Er macht das echt gut. Er ist wirklich schnell, nützlich und preisgünstig. Keiner kommt an ihm vorbei. Er ist immer da und wartet auf seine Einsatzmöglichkeiten. Die Kehrseite ist allerdings, dass einige Kollegen von ihm ziemlich genervt sind. Würden Sie sich einen Harald anschaffen?

Viele zögern bei diesem Gedanken. Das ist verständlich. Das Zusammenleben mit Menschen ist nicht immer einfach. Menschen haben drei Eigenschaften, die Ihnen alles abverlangen werden:

- Menschen sind widersprüchlich
- empfindlich
- und gleichzeitig mit den erstaunlichsten Fähigkeiten ausgestattet

Die bereichernden Momente, die auf Sie warten, sind allerdings jede Mühe wert.

Angenommen Sie haben sich für Harald entschieden und möchten ihn in Ihr Leben integrieren. Am Anfang werden Sie das Gefühl haben, dass Harald eine große Bereicherung ist. Er verhält sich tatsächlich wie oben beschrieben. Er sucht nach Möglichkeiten, Ihnen behilflich zu sein, nimmt Ihnen Arbeiten ab, kann nicht stillsitzen und ist ständig aktiv. Nach einer Weile kennt er all Ihre Freunde und Bekannten und kümmert sich um Ihr soziales Netzwerk. Er macht Termine für Sie, organisiert Ihre Freizeit, entscheidet mit wem und wann Sie sich treffen. Er nimmt auch jederzeit hilfsbereit an Ihren Freizeitaktivitäten teil. Ihre Freunde und Bekannten schließen ihn ins Herz und bald ist er ein Teil Ihrer kleinen Gesellschaft. Diese Gesellschaft wird immer größer, neue Bekanntschaften kommen dazu. Plötzlich merken Sie, Harald hat Ihr Leben verändert. Sie nehmen sich einen Moment Zeit, denken nach und stellen folgendes fest: Nicht Sie haben Harald in Ihr Leben integriert, sondern Harald hat Sie in sein Leben integriert. Nicht Sie haben die Verantwortung für Harald übernommen, Harald hat die Verantwortung für Sie übernommen. Nicht Sie führen Harald, Harald führt Sie. Harald hat Ihr Leben gekapert. Kapern durch Hilfsbereitschaft.

Jetzt fragen Sie sich: Ist das gut oder nicht? Will ich das oder nicht? Sie merken, dass diese Frage nicht leicht zu beantworten ist, denn Harald ist ja ein super Typ. Sie wollen ihn nicht enttäuschen, Sie wollen nicht seinen Enthusiasmus bremsen, Sie möchten ihm einen artgerechten Lebensraum ermöglichen. Gleichzeitig denken Sie, dass es an der Zeit ist, mit ihm über das gemeinsame Zusammenleben zu reden. Sie spüren, dass Sie die Verantwortungen und die Aufgaben etwas anders verteilen müssten. Sie laden ihn zu einem Gespräch ein:

Sie:	»Harald, wir müssen mal reden.«
Harald:	[Erschrocken] »Ja, was denn?«
Sie:	»Ich glaube, wir müssen unser Zusammenleben nochmal sortieren.«
Harald:	»Was meinst du denn damit? Mach´ ich etwas falsch?«
Sie:	»Nein, natürlich nicht.«
Harald:	»Na dann ist es ja gut. Ich habe übrigens eine tolle Idee für das nächste Wochenende. Du wolltest doch immer mit Gisela und Tobias auf die kleine Hasenspitze rauffahren, mit dieser neuen Seilbahn. Ich habe euch schon Tickets besorgt und oben einen Tisch in der Gaststätte reserviert.«

Harald schaut Sie jetzt erwartungsvoll an. Was sagen Sie nun? Dieser Frage werden wir jetzt ausführlich nachgehen.

- Was nehmen Sie an Menschen wahr?
- Wie ordnen Sie dies ein?
- Was können Sie dann tun?

Bevor Sie eine Entscheidung treffen, ob und mit welchem Menschen Sie zusammenleben möchten, ist es also hilfreich zu verstehen, was in einem Menschen vorgeht. Ja, auch ein Mensch hat ein Innenleben. Von außen können wir das nicht immer sofort erkennen, aber hierin liegt der Schlüssel für erfolgreiches Zusammenleben. Wer das Innenleben eines anderen erkennen und einordnen kann, kann auch das Zusammenleben auf eine für alle wohltuende Weise gestalten.

Hinsehen, Erkennen und Einordnen stehen daher am Anfang aller Entscheidungsprozesse. Dies ist meist nicht einfach. Oft ist es sogar für den einzelnen Menschen schwierig, sich selbst zu erkennen und einzuordnen. Der Mensch ist sich oft selbst ein Rätsel. Wenn aber schon dieser erste Schritt eine ernstzunehmende Hürde zu sein scheint, worauf sollten Sie dann achten und wie können Sie vorgehen, damit Sie bei Ihrer Auswahl die richtige Entscheidung treffen?

Es gibt Menschen in sehr vielfältigen Formen und jeder verhält sich etwas anders. Diese Unterschiede machen die Auswahl kompliziert. Schauen Sie nicht zuerst auf das Äußere. Das Äußere ist für ein gelingendes Zusammenleben zweitrangig. Achten Sie zuerst auf das Innere des anderen. Dazu müssen Sie Ihr eigenes Inneres kennen. Dann können Sie dieses mit dem Inneren des anderen in Beziehung setzen. Nun ist eine Prognose möglich, ob Sie mit dem Menschen Ihrer Wahl harmonisch zusammenleben werden.

Der Schlüssel hierfür ist in den meisten Fällen Ähnlichkeit. Dies gilt jedenfalls für die Anfangsphase der Beziehung. Damit lernen wir ein erstes Merkmal des Innenlebens der Menschen kennen: Der Wunsch nach Ähnlichkeit.

01
Ähnlichkeit – Segen und Fluch

Der Entwicklungsprozess des Menschen unterliegt ebenso der Evolution, wie bei allen Lebewesen. Menschen sind ein Naturprodukt. Die Evolution fördert Merkmale und Eigenschaften, die langfristig das Überleben sichern. Sie hat nicht das Überleben eines einzelnen Menschen im Sinn, sondern das Überleben der gesamten Spezies. Für den einzelnen Menschen ist dieser Denkrahmen zu groß. Er sieht sich vorrangig als Einzelwesen und sorgt sich zuerst um sich selbst. Auch Sie möchten, dass sich Ihr Mensch in seiner eigenen Lebensspanne als Individuum wohlfühlt und sich vielleicht sogar etwas weiterentwickelt. Damit dies gelingt, ist es hilfreich, einen kurzen Blick auf das größere evolutionäre Bild zu werfen.

Um auf diesem Planeten als Spezies zu überleben, benötigt der Mensch eine Vielzahl unterschiedlicher Fähigkeiten. Ein Mensch allein verfügt über all diese nicht. Also hat die Natur eine Arbeitsteilung entwickelt. Jeder verfügt über andere Fähigkeiten in unterschiedlichen Ausprägungen. Merke: Jeder (!) hat Fähigkeiten und jeder ist ein bisschen anders. Auf der einen Seite ist das gut, weil dadurch alle Menschen gemeinsam über alle notwendigen Fähigkeiten verfügen. Auf der anderen Seite besteht die Herausforderung, diese Unterschiedlichkeiten sinnvoll zusammenzufügen. Dies erfordert ein sehr hohes Maß an Übersicht und Koordination. Ein Einzelner kann dies nicht leisten. Hierfür ist wiederum gemeinsames und koordiniertes Handeln vieler Menschen notwendig. Wir erkennen an dieser Stelle zum ersten Mal ein Dilemma. Übersicht und Koordination unterschiedlicher Fähigkeiten erfolgen am besten durch gemeinsames Handeln. Ein Einzelner kann das nicht allein bewältigen, weil ihm die Gesamtsicht fehlt und weil er seine Einzelinteressen in den Mittelpunkt stellt. Wie kann es Menschen dann überhaupt gelingen, zu sinnvollem gemeinsamem Handeln zu gelangen? Hier stoßen wir auf den ersten Widerspruch.

Menschen sind gefordert, miteinander zu kooperieren, um als Spezies zu überleben. Sie sind aber darauf fokussiert, als Individuum erfolgreich zu sein. Sie sind auf Kooperation nicht vorbereitet.

Sie erwarten nun möglicherweise, dass Menschen andere Artgenossen suchen, die völlig anders sind. Dadurch würden sich unterschiedliche Eigenschaften und Fähigkeiten überhaupt erst zusammenfügen. Das hat die Evolution aber nicht hervorgebracht. Folgendes Beispiel zeigt das.

Es gibt Menschen, die sich gern mit Artgenossen umgeben. Sie möchten immer in deren Nähe sein. Manchmal geht das so weit, dass sie am anderen regelrecht kleben. Allein zu sein, fällt diesen Menschen schwer. Gleichzeitig gibt es Menschen, die mehr Raum für sich selbst benötigen, auch mal allein sein und sich ausbreiten wollen, ohne sich ständig um einen anderen Menschen kümmern zu müssen. Beides ist in Ordnung. Beides hat die Natur hervorgebracht. Beides gehört zu den überlebens-wichtigen Unterschieden. Wenn sich diese beiden unterschiedlichen Menschen nun treffen, dann passiert in deren Inneren folgendes. Beide erkennen sofort die Unterschiede und DENKEN: Der ist anders als ich und das ist eigentlich interessant und gut. Gleichzeitig FÜHLEN die beiden: Der andere ist mir aber echt zu anstrengend und darauf möchte ich mich erst einmal nicht einlassen.

Es kommt deshalb nicht zu einer Verbindung. Das, was allen Menschen zusammen das Leben leichter und erfolgreicher machen würde, empfindet der einzelne Mensch häufig als unbequem und störend. Was er dagegen als angenehm und erstrebenswert empfindet, ist Ähnlichkeit. Die meisten Menschen mögen andere Menschen, wenn sie das Gefühl haben, dass ihr Gegenüber so ist, wie sie selbst. Wenn Menschen aber hauptsächlich Menschen mögen, die ihnen ähnlich sind, dann verbinden sich auch nur ähnliche Eigenschaften und Fähigkeiten miteinander. Überlebenswichtige Vielfalt wird dadurch ein-geschränkt und kann sich nicht vollständig entfalten.

Dies ist ein weiterer erstaunlicher Widerspruch.

Potentiale entfalten sich durch Vielfalt. Menschen suchen aber eher nach Ihresgleichen.

Was sich die Natur dabei gedacht hat, ist bis heute ein Rätsel. Um ihren Wunsch nach Verbindung und Potentialentfaltung zu verwirklichen, benötigen Menschen also Ähnlichkeit als eine Brücke zur Vielfalt. Hierbei geht es nicht um äußere Ähnlichkeiten, wie zum Beispiel Größe, Gewicht, Aussehen, Kleidung oder die bevorzugte Automarke, sondern um innere. Nach welchen Merkmalen werden nun Ähnlichkeiten und Unterschiede sortiert? Menschen haben hier tatsächlich ausgeprägte innere Strategien. Sehr feine Instinkte sind am Werk. Um relevante Merkmale der Artgenossen sortieren zu können, muss der Mensch sie überhaupt erst einmal wahrnehmen. Das können Menschen auch, oftmals unbewusst. Menschen sind sehr fein konstruierte Lebewesen. Der erste Blick auf das Äußere täuscht manchmal. Diese Erkenntnis führt zum nächsten naheliegenden Gedanken. Menschen sind mit dieser inneren Feinheit auch sehr empfindsam. Es gibt kaum eine Spezies, die schneller krank wird, vor allem innerlich. Wenn Sie jetzt schon darüber nachdenken, vielleicht doch lieber darauf zu verzichten, sich einen Menschen anzuschaffen, dann wäre das völlig verständlich. Das ist eine verantwortungsvolle und sehr komplexe Aufgabe. Dennoch ist es empfehlenswert, etwas mehr vom geheimen Innenleben des Menschen zu erfahren, bevor Sie sich endgültig entscheiden. Die Erfahrung hat gezeigt, dass das Zusammenleben mit Menschen durchaus beglückende Momente bereithalten kann.

02
Sechs Stärken für eine Welt

Die feine Wahrnehmung von Menschen ist wie ein hochauflösendes Radar [2]. Wenn Sie einem Menschen zum ersten Mal begegnen, wird er Sie sehr sorgfältig und minutiös durchleuchten, wie am Flughafen, wenn Sie durch einen Body-Scanner gehen. Wehe der Scanner findet etwas, das ihn irritiert oder stört. Dann sendet er sofort ein Warnsignal, aber nicht laut, sondern in aller Stille, für Außenstehende nicht wahrnehmbar. Der Mensch macht das auf gleiche Weise. Er würde das, was er wahrnimmt, nicht laut äußern und ansprechen, sondern sich unauffällig von Ihnen abwenden. Damit stünde ein Zusammenleben von Anfang an unter einem unglücklichen Stern.

Wie funktioniert dieses geheimnisvolle Radar? Wonach sucht es? Wann sendet es Warnsignale? Bei diesem Radar handelt es sich um eine Gehirnfunktion. Neurowissenschaftler gehen davon aus, dass sich das Gehirn von Menschen seit geschätzten 150.000 Jahren nicht mehr weiterentwickelt hat, weil es keinen Evolutionsdruck gibt [3]. Das Radar der Menschen ist dementsprechend eine Uraltversion. Das heißt aber nicht, dass es unbrauchbar wäre. Im Gegenteil. Wir können davon ausgehen, dass der Mensch von der Natur mit allem ausgestattet ist, was er zu seinem Überleben und zu seiner Entwicklung benötigt. Die Natur gibt deshalb nichts Neues mehr hinzu. Der Mensch muss alles weitere selbst machen. Die Herausforderung ist, eigene innere Widersprüche zu überwinden, ein feines Empfinden für die Verwirklichung seiner besonderen Fähigkeiten zu aktivieren und sich mit anderen Menschen zu vernetzen. Dann wird er zu dem, der er sein kann. Dafür ist artgerechte Haltung erforderlich.

Menschen verfügen über sechs herausragende Fähigkeiten, die in einem feinen Gleichgewicht zueinanderstehen. Die Empfindsamkeit ist bereits eine dieser Fähigkeiten. Zunächst sind Menschen belastbar und elastisch. Sie halten viel aus. Weiterhin sind sie empfindsam und empathisch. Sie können feinste Signale aufnehmen und weiterverarbeiten. Dies ermöglicht Empathie. Empathie bedeutet, dass der jeweilige Mensch andere sehr genau wahrnehmen und gleichzeitig sich selbst jederzeit reflektieren kann.

Dieses feine Wahrnehmungssensorium ermöglicht ihm, gemachte Erfahrungen und Gelerntes auf andere Kontexte zu übertragen. Mit dieser Transferfähigkeit kann er innere Prozesse in äußeres Handeln übersetzen und aus dem äußeren Handeln wiederum Material für seine inneren Prozesse gewinnen. Dies erweitert seinen Wahrnehmungsradius, macht ihn beweglich und kreativ. Er kann mögliche Handlungsoptionen in die Zukunft vorausdenken und dessen Folgen erkennen und einschätzen, bevor er überhaupt zur Tat schreitet. Transferfähigkeit und Antizipation stehen im Zentrum menschlicher Intelligenz. Alles Erlebte und Gelernte entfaltet sich erst dann, wenn es auf konkrete Lebenssituationen übertragen und im Handeln verwirklicht wird. Eine Idee wird erst dann zur Innovation, wenn sie sich mit einem Nutzen im Äußeren manifestiert. Diese beiden gedanklichen Schritte sind sehr anspruchsvoll und gleichzeitig der Schlüssel zu menschlichem Erfolg. Sie ermöglichen einen fast grenzenlosen Raum für schöpferisches Handeln, vor allem für gemeinsames Handeln.

Auf einen Blick. Die sechs besonderen Fähigkeiten von Menschen sind:

Kooperation

Antizipation

Elastizität und
Belastbarkeit

Transferfähigkeit

Empfindsamkeit
und Empathie

Selbstreflexion

Artgerechte Haltung von Menschen bedeutet, diesen Fähigkeiten Raum zu geben, sie zu entwickeln und gemeinsam sinnvoll zu nutzen. Diese Fähigkeiten sind miteinander verknüpft. Ohne Elastizität und Belastbarkeit keine Empfindsamkeit und Empathie, ohne Empathie keine Selbstreflexion und ohne eine gut funktionierende Selbstreflexion wird am Ende dieser Kette auch Kooperation nicht gelingen. Wir ahnen bereits, dass aufgrund der Empfindlichkeit von Menschen geringe Störungen ausreichen, um diese feine Verknüpfung von Fähigkeiten ins Wanken zu bringen. Belastbarkeit wird zum konstituierenden Faktor für die Entfaltung von Menschen. Ihnen ein Gefühl von Sicherheit und Stabilität zu geben, eröffnet diesen Wachstumsraum. Wir müssen also Menschen als Spezies sorgsam behandeln und schützen. Deshalb beginnen wir unsere Reise in das Innere der Menschen mit einem Blick auf deren empfindlichstes Instrument, das oftmals unbekannte Wahrnehmungsradar.

03
Das ultrafeine Radar

Die Vielfalt menschlicher Fähigkeiten beginnt mit Empfindsamkeit und Empathie. Sie sind ursächlich für das sensible Radar. Erstaunlicherweise sind sich Menschen dieses feinen Instruments oft nicht bewusst. Auch unbewusst erfüllt es seine vollständige Funktion. Die aufgefangenen Signale werden in diesem Fall aber nicht bewusst weiterverarbeitet und eingeordnet. Sie erzeugen eher diffuse aber dennoch wirksame emotionale Impulse, sich auf Menschen hinzuzubewegen oder Abstand zu nehmen. Selbstreflexion und Transferfähigkeit entfalten nicht ihre vollständige Wirkung. Sicheres und zielgerichtetes Verhalten sind nur eingeschränkt möglich. Dennoch entscheidet dieses Radar wirksam über die nächsten Schritte, die ein Mensch vollzieht. Denken wir noch einmal zurück an Harald in seinem beruflichen Umfeld. Seine Kollegen empfangen vielfältige und damit mehrdeutige Signale, können diese nicht bewusst einordnen und sind infolgedessen verwirrt. Aus der Verwirrung entstehen Störgefühle. Die Kollegen sind genervt. Daraus könnten Konflikte resultieren. Das wäre vermeidbar. Harald ist, wie wir später noch genauer sehen werden, ein ganz normaler Mensch. Er verfügt nur über ungewöhnlich viele Interessen und Talente, die er eher ohne Fokus einsetzt. Wer das weiß und diese Verhaltensweisen einordnen kann, gibt Harald einen sicheren und strukturierten Raum. Dort wird er seine Fähigkeiten zum Nutzen anderer einsetzen können. Bewusstsein über diese inneren Prozesse vermeidet Konflikte und fördert gemeinsames Handeln.

Für die Entstehung des Radars gibt es vermutlich drei Hauptgründe: Gefahren erkennen – Jagen – Partnerwahl. Menschen haben schnell Angst. Angst vor Hunger, Not und allen möglichen Gefahren. Letztlich haben sie Angst vor dem Tod. Um sich davor zu schützen, haben Menschen früh begonnen, sich in Gruppen zu organisieren. Wahrscheinlich war Ähnlichkeit der Bedürfnisse und des Lebensraumes hierfür das Bindemittel. Gleichzeitig entstand ein Gefühl von Unterschiedlichkeit und Individualität gegenüber anderen Gruppen bis hin zu dem Gefühl von Wettbewerb, Gegnerschaft und Feindschaft. Zwischen Gruppen von Menschen gilt das gleiche Prinzip wie zwischen einzelnen Menschen. Auch hier sichert gemeinsames Handeln das Überleben. Und auch hier steht das Bedürfnis nach Ähnlichkeit dem gemeinsamen Handeln mit anderen im Wege. Daraus resultiert eine neue Gefahrenquelle: Andere Menschen. Menschen fürchten sich vor Menschen [1 - Seite 120]. Das klingt seltsam, widersprüchlich und ziemlich unsinnig, gleichzeitig ist es Realität. Fakt ist, der Mensch ist sehr empfindlich und dadurch auch sehr verletzlich. Das Radar dient also zu einem großen Teil dazu, Unannehmlichkeiten oder Gefahren frühzeitig einzuschätzen, die unter anderem auch von Menschen ausgehen. Gleichzeitig hat der Mensch früh gelernt, dass er Kooperationspartner braucht, um erfolgreich überleben zu können, zum Beispiel bei der gemeinsamen Jagd. Dies hat eine weitere Fähigkeit in ihm hervorgebracht. Er ist ein guter Beobachter. Kennen Sie diese Situation? Sie stehen an einer Bushaltestelle, warten und haben das merkwürdige Gefühl, dass Sie jemand beobachtet. Was empfinden Sie dann? Freuen Sie sich darüber? Nein, wahrscheinlich nicht. Wer sich »beobachtet« fühlt, merkt das sehr schnell. Er wird nach etwa 10 Sekunden nervös. Das Gehirn signalisiert: Jemand beobachtet mich. Es entsteht das instinktive Gefühl, zur Jagdbeute zu werden. Wenn dieser Zustand noch etwas länger fortdauert, entwickelt sich im Menschen eine zunehmend stärker werdende Abwehr. Vermeiden Sie also, Menschen zu lange zu beobachten. Sie könnten dann unruhig und unfreundlich werden.

Neben Gefahreneinschätzung und Jagd braucht der Mensch das Radar natürlich auch für die Partnerwahl. Tief in seinem Inneren sucht er nach Verbindungen mit anderen Menschen, die sicher, sinnvoll, verlässlich und gewinnbringend sind. Da kommt es auf Details an und deshalb ist sein Radar auch sehr fein justiert. Es gibt eine unendliche Vielzahl Signale, die auf Menschen einwirken. Das natürliche Radar filtert die wichtigsten Signale heraus und sortiert diese nach einer Bedeutungsreihenfolge. Diese Reihenfolge variiert je nach Menschentypus und Situation. Zwölf Kriterien stehen im Vordergrund.

01. Ist der andere eine Gefahr für mich oder ist er friedlich?
02. Ist der andere präsent? Ist er »bei mir« oder ist er gerade mit sich selbst beschäftigt?
03. Nimmt er mich wahr? Werde ich gesehen oder sieht er nur sich selbst?
04. Hat er ein Interesse an mir als Person oder sieht er nur einen sachlichen Nutzen in mir?
05. Begegnet er mir mit Wertschätzung und Respekt oder verhält er sich abwertend und respektlos?
06. Kann ich ihn leicht einschätzen oder verhält er sich mehrdeutig und unklar?

07. Ist er mir ähnlich?

08. Ist er kompetent? Kann er etwas, das für mich nützlich ist?

09. »Leuchtet« er für das, was er tut oder macht er dies nur, weil er muss?

10. Ist er bereit, seine Kompetenzen auch für mich einzusetzen? Empfindet er dabei meine Interessen als mindestens genauso wichtig wie seine eigenen oder stellt er meine Interessen vielleicht sogar in den Vordergrund?

11. Kann ich mich dauerhaft auf ihn verlassen oder muss ich damit rechnen, dass er seine Versprechen nicht einhält oder morgen gar nicht mehr für mich da ist?

12. Bleibt er auch unter Druck und Belastung verlässlich?

Erst wenn ALLE diese Kriterien erfüllt sind, fühlt der Mensch sich sicher und wohl und beginnt, Vertrauen aufzubauen. Ist eines dieser Kriterien nicht erfüllt, ist er irritiert und sein Scan reagiert mit einem Warnsignal. Der Scan läuft dann besonders intensiv weiter. Dies kostet Energie und erzeugt Störgefühle, die den Aufbau von Vertrauen und stabilen Beziehungen behindern. Vertrauen ist die Voraussetzung für dauerhaftes und verbindliches gemeinsames Handeln. Dieser Begriff wird oft ungenau verwendet und als emotionaler »Soft-Faktor« in seiner wahren Bedeutung missverstanden. Dahinter verbirgt sich die logische Struktur des inneren Radars mit seinen genauen Kriterien und situationsgerechten Filterstrategien. Bei unklaren Signalen läuft dieses Radar fast pausenlos. Ein Radar im Dauereinsatz kostet Energie und das Gehirn empfindet dies als äußerst unangenehm. Wenn stattdessen jemand das

Radar positiv passiert, kann sich das Gehirn entspannen, den Energieverbrauch auf einen Sparmodus herunterfahren und anfangen, sich wohlzufühlen. Menschen sagen dann auch oft, dass die »Chemie« stimmt und dass sie jetzt so sein können, wie sie sind. Diesen Zustand verbinden sie mit dem Gefühl und dem Begriff »Vertrauen«. Jetzt ist gemeinsames Handeln vorbehaltlos möglich.

Befragen Sie sich an dieser Stelle bitte einmal selbst:

01. Bin ich friedlich und sind andere bei mir sicher?
02. Bin ich in Interaktionen mit Menschen präsent?
03. Sehe ich den anderen oder geht es mir hauptsächlich um mich selbst?
04. Kann ich Interessantes im anderen entdecken?
05. Bin ich wertschätzend und respektvoll?
06. Bin ich für andere leicht »lesbar«?
07. Kann ich mit anderen ein wechselseitiges Gefühl der Ähnlichkeit herstellen?
08. Habe ich etwas zu geben? Leiste ich einen Beitrag, der für andere nützlich ist?
09. »Leuchte« ich für das, was ich tue?
10. Stelle ich den Gewinn des anderen in den Vordergrund meines Handelns [»Erst du, dann ich« – »Erst dienen, dann verdienen«]?
11. Bin ich dauerhaft verlässlich?
12. Bleibe ich auch unter Belastung stabil, verbunden und handlungsfähig?

Grundsätzlich verfügen Menschen über all diese Fähigkeiten. Bei der geringsten Verunsicherung geraten sie jedoch schnell aus dem Takt und senden dann gegenteilige Signale. Dann bricht das Vertrauen oder es baut sich erst gar nicht auf. Das Radar ist wie ein empfindlicher Fühler. Es tastet sich vorsichtig voran. Bei dem geringsten Widerstand zuckt es zurück. Hier erkennen wir einen weiteren Widerspruch, der Zusammenleben und Kooperieren erschwert.

Menschen suchen nach vertrauensvollen Beziehungen. Gleichzeitig schenken sie nicht von Anfang an Vertrauen. Der andere spürt dies und zieht sich zurück. Wenn er sich nun zurückzieht, zieht sich der andere auch wieder zurück. Ein Teufelskreis entsteht. Einer von beiden muss mit seinen Fühlern dranbleiben. Auch wenn der andere zuckt. Einer muss den ersten Schritt machen und bei Misserfolgen nicht gleich aufgeben. Aber wer?

Vertrauen ist die Voraussetzung für gemeinsames Handeln. Es aufzubauen ist ein außerordentlich empfindlicher und leicht störbarer Vorgang. Ohne Vertrauen entsteht aber kein gemeinsames Handeln. Wieder befinden wir uns in dem bekannten Dilemma. Deshalb erfordert artgerechtes Halten von Menschen Ihren ganzen Einsatz und allerhöchste Aufmerksamkeit. Vor allem erfordert es den sicheren Umgang mit der erstaunlichen Empfindlichkeit und den merkwürdigen Widersprüchen von Menschen.

04
Der seltsame Selbstbezug

Wenn wir noch einmal einen Blick auf die Struktur des Radars werfen, fallen drei Elemente auf:

- Werde ich gesehen?
- Kann ich ihn leicht einschätzen?
- Ist er mir ähnlich?

Hier erkennen wir eine weitere widersprüchliche Feinheit. Menschen möchten *gesehen* werden [4]. Das macht sie glücklich. Sie möchten aber nicht *beobachtet* werden. Das macht sie nervös. Was ist der Unterschied? Ein Mensch, der einen anderen beobachtet, bleibt – um die Sprache des Jägers zu verwenden – in Deckung. Er hält sich bedeckt. Er offenbart sich nicht. Er entzieht sich dem Radar des anderen. Dieser kann ihn dann nicht einschätzen und hat keine Möglichkeit, sich zu orientieren. Dies führt zu Verunsicherung und Abwehr. Beobachten ist also kein Akt der Empathie und des Miteinander, sondern ein Akt der Abgrenzung, des Selbstschutzes und möglicherweise sogar des Beuteverhaltens. Wissenschaftler sagen dazu, dass man den anderen zu einem Objekt macht. Das ist eindeutig ein ungünstiges Signal, wenn wir das Vertrauen von Menschen gewinnen wollen. Ein wirksameres Signal ist: Ich sehe Dich. Noch wirksamere Signale sind:

- Ich sehe Dich
- Ich bin auch für Dich sichtbar
- Wir sind uns ähnlich.

Das klingt gut, ist aber nicht so einfach in die Tat umzusetzen. Die Frage ist, wie kann es gelingen, diesen Widerspruch zu überwinden?

Menschen wollen gesehen werden. Wer aber selbst gesehen werden will, kann nicht gleichzeitig den anderen sehen. Am Ende wird keiner gesehen.

Wenn ein Mensch gesehen werden möchte, ist er mit seiner Aufmerksamkeit bei sich. Dann kann er aber seinem Gegenüber nicht mehr die vollständige Aufmerksamkeit schenken und ihm das Gefühl geben, gesehen zu werden. »Ich sehe Dich« bedeutet, für einen Moment vollständig beim anderen zu sein. Dafür wird das eigene Bedürfnis, gesehen zu werden, ebenfalls für einen Moment zurückgestellt. Genau das fällt Menschen schwer. Ist aber ein Mensch mit seiner Aufmerksamkeit nicht vollständig bei seinem Gegenüber, wird er sofort von dessen Radar erfasst. Es erkennt, dass der andere mit seiner Aufmerksamkeit bei sich selbst ist und sendet ein Warnsignal. Dies führt zu einem Rückzug des Gegenübers und nicht zu einer Hin-Bewegung. Das ist ein Dilemma: Der Wunsch, gesehen zu werden steht gleichzeitig der Erfüllung dieses Wunsches im Wege. Ist das ein Webfehler der Natur oder gibt es dahinter einen Sinn?

Der Mensch steht nun an einer Weggabelung und muss eine Entscheidung treffen. Schenkt er seinem Gegenüber Aufmerksamkeit oder möchte er selbst im Mittelpunkt stehen? In solchen Momenten zeigt sich die Genialität der Natur. Es entsteht ein Spannungsfeld, dem sich der Mensch nicht entziehen kann. Er kann nicht nicht entscheiden. Ob er handelt oder nicht, er verändert die Situation und die Interaktion mit dem Gegenüber. Stillstand ist unmöglich. In dieser widersprüchlich erscheinenden Dynamik tritt eine unvermeidliche Spannung zu Tage, die die Entfaltung von Menschen stetig vorantreibt. Entscheidungen treffen zu müssen wird damit zu einem Baustein der Evolution. Spannungen, die aus Widersprüchen entstehen, sind eine fundamentale Voraussetzung menschlicher Entwicklung. Die Natur gewährt einen Blick in ihre feinsten Konstruktionspläne.

Sind sich Menschen der Bedeutung dieser Weggabelungen nicht bewusst, treffen sie Entscheidungen, die zwischen Ich-Bezug und Altruismus diffus hin- und herpendeln. Die Ergebnisse und Auswirkungen sind nicht eindeutig, geradlinig und verlässlich, sondern verwirrend und für den Aufbau von Vertrauen nicht hilfreich. Bewusste Entscheidungskompetenz ist dagegen ein evolutionärer Vorteil. Hier macht der Mensch den fundamentalen Schritt zu sinnvoller und kooperativer Selbstorganisation.

Diene ich mir selbst oder diene ich zuerst dem anderen? Sie werden jetzt sagen: Indem der Mensch dem anderen zuerst dient, dient er am Ende auch sich selbst. Das ist klug und Sie haben damit völlig recht. Für einen Menschen ist das jedoch ein Dilemma und er zögert hier. Warum eigentlich, er kann doch am Ende nur gewinnen? Tatsächlich ist Menschen dieser Erst-du-dann-ich-Altruismus angeboren. Kleine Kinder helfen, teilen und informieren ohne Erwartungen an Gegenleistungen [5]. Sie lernen aber bereits sehr früh, das andere diesen Ur-Altruismus ausnutzen. Sie fühlen sich dann innerlich verletzt und als Verlierer. Dann gehen sie in Deckung, schalten ihr kleines Radar auf ganz groß und warten erst einmal ab. Diese Vorsicht behalten sie auch als Erwachsene bei. Hierin liegt die Ursache des Zögerns. Dies bedeutet in Bezug auf Interaktionen mit anderen Menschen folgendes: Der andere nimmt dieses Zögern mit seinem feinen Radar wahr und reagiert darauf. Die wenigsten Menschen reagieren darauf mit einer Einladung zum näheren Kennenlernen. Sie reagieren eher im Gegenteil mit Dominanz oder Rückzug und stellen an dieser Weggabelung die Weiche auf Eigennutz. Damit ist die Chance vertan.

Je häufiger der Mensch solche Erfahrungen macht, desto weniger ist er bereit, sein gelerntes Vorsichtsverhalten zu überwinden und den ersten Schritt zu machen.

An einem Beispiel aus dem menschlichen Straßenverkehr lässt sich das gut veranschaulichen. Stellen Sie sich eine Kreuzung vor, an der keine besondere Vorfahrtsregelung, sondern die Rechts-vor-links-Regel gilt. Aus jeder Richtung kommen Fahrzeuge und halten gleichzeitig an der Kreuzung. Alle haben die gleiche Ausgangssituation. Was nun? Wer hat Vorfahrt?

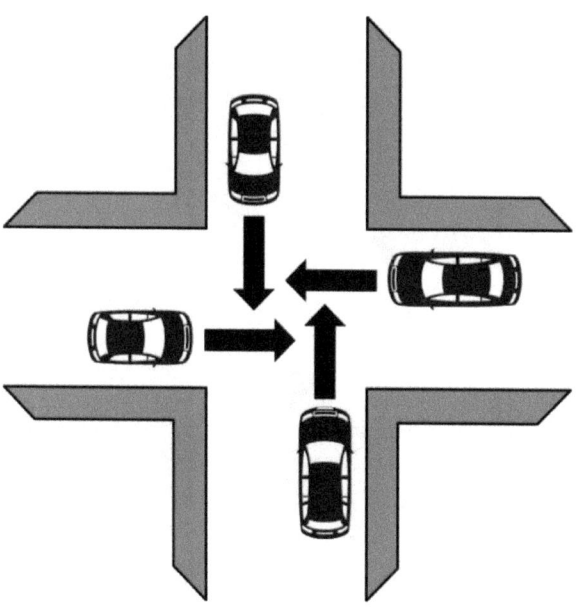

Zunächst eine eher überraschende Erkenntnis: Dieser Fall wurde vom Gesetzgeber nicht geregelt. Hier besteht die Notwendigkeit zur Selbstorganisation. Einer muss den ersten Schritt machen. Nehmen wir an, der Fahrer des unteren Fahrzeugs tut das. Er winkt dem Fahrer des linken Fahrzeugs und gestattet ihm die Vorfahrt. Dann folgt das gegenüberliegende Fahrzeug, dann das rechte. Und zuletzt das untere. Die Erfahrung lehrt: Wer zuerst winkt, fährt als Letzter.

Das ist ein Dilemma und erzeugt immer eine Spannung. Bewusst reflektierende und handelnde Menschen können diese Spannung aushalten und das Dilemma überwinden [6]. »Normale« Menschen winken eher nicht, sondern warten darauf, dass ein anderer zuerst winkt. Aber warum sollte jemand das tun? Am Ende wird nicht der Klügere nachgeben, sondern der, der am ehesten entnervt ist. Dieser fühlt sich dann auch noch als Verlierer. Es entsteht eine Spirale des Nicht-Nachgebens. So entsteht überhaupt erst das Konzept von Gewinnen oder Verlieren, Durchsetzen oder Nachgeben. Am Ende gewinnt der Selbstbezug. Dieser steht aber einer nachhaltigen Kooperation im Weg.

Die Widersprüche, die wir bisher betrachtet haben, sind wie Rechts-vor-links-Kreuzungen. Sie sind Weggabelungen, an denen Menschen entscheiden müssen. Sie können sich nicht entziehen. Sie haben zwar Wahlmöglichkeiten. Gleichzeitig können sie nicht nicht wählen. Um dieses Spannungsfeld aushalten und darin bewusst reflektiert entscheiden zu können, benötigen Menschen eine klare Situationswahrnehmung und relevante Kriterien. Über diese Klarheit verfügen aber viele Menschen nicht. Folgendes Beispiel illustriert das.

Eine Frau geht in einem Delikatessenladen einkaufen. Ihr Mann bittet sie, eine Flasche Limoncello mitzubringen. Sie kommt ohne Limoncello nach Hause.

Mann: »Und, was ist mit dem Limoncello? Gab's keinen?«

Frau: »Doch, ganz viele.«

Mann: »Und?«

Frau: »Ich stand vor dem Regal. Da gab es sechs verschiedene Sorten, unterschiedliche Flaschen, Farben und Herkünfte. Und unterschiedliche Preise.«

Mann: »Und? Wo ist das Problem?«

Frau: »Ich musste entscheiden.«

Mann: »Ja, das machst du doch sonst auch immer.«

Frau: »Dafür brauche ich aber Kriterien. Form, Farbe, Herkunft und Preis sind keine Kriterien. Das einzige entscheidende Kriterium ist der Geschmack. Und den konnte ich nicht testen.«

Mann: »Und deshalb hast du keine gekauft?«

Frau: »Genau.«

Mann: »Hättest doch irgendeine kaufen können, spielt doch keine Rolle.«

Frau: »Das machst du ja beim Wein auch nicht.«

Mann: »Das ist ja auch was anderes.«

Frau: »Was ist denn daran anders?«

Mann: »Beim Wein gibt es doch feine Unterschiede. Limoncello schmeckt doch immer gleich.«

Frau:	»Ich glaube da haben wir unterschiedliche Sichtweisen.«
Mann:	»Nächstes Mal bringst du einfach irgendeinen mit.«
Frau:	»Nächstes Mal gehst du selbst einen kaufen.«

Wer hat recht? Natürlich beide. Was ist schiefgelaufen? Sie haben sich nicht über relevante Entscheidungskriterien abgestimmt. Beide hatten unterschiedliche Kriterien. Die Frau hat recht, weil der Geschmack bei einem Genussmittel vermutlich das einzige sinnvolle Kriterium ist. Der Mann hat recht, weil auch er Kriterien hat. Ohne Kriterien kann niemand entscheiden. Die waren aber für seine Frau nicht erkennbar. Für uns übrigens auch nicht, vermutlich der Alkoholgehalt. Aber wissen können wir das nicht, weil sein Entscheidungsprozess diffus war. Wenn Menschen an solch einer Entscheidungs-Weggabelung nicht über klare und der Situation entsprechende Kriterien verfügen, dürften sie auch keine Entscheidung treffen. Sie müssten zuerst nach relevanten Kriterien suchen oder, wenn sie keine finden, sich über die zweitbesten Kriterien abstimmen. Wer das nicht macht, trifft diffuse Entscheidungen. An diesen Weggabelungen gibt es aber nicht die Möglichkeit, nicht zu wählen. Auch Nichtstun ist eine Entscheidung und löst weitere Interaktionsprozesse und Wechselwirkungen mit anderen Menschen aus. Diffuses Entscheiden führt dann zu diffusen Interaktionen und nicht vorherseh-baren Wechselwirkungen. Deshalb sind Bewusstsein über die Bedeutung der Situation und klare, relevante Entscheidungskriterien wichtig. Menschen, denen dies nicht bewusst ist, entscheiden häufig nach ichbezogenen Kriterien. Erinnern Sie sich an den Scan:

- Nimmt er mich wahr? Werde ich gesehen oder sieht er nur sich selbst?
- Ist er kompetent? Kann er etwas, das für mich nützlich ist?
- Wird er seine Kompetenzen auch für mich einsetzen? Stellt er dabei meine Interessen in den Vordergrund?

Wenn Sie also die Absicht haben, mit Menschen vertrauensvolle Beziehungen aufzubauen, dann zeigen Sie ihnen, dass es sich lohnt und vor allem gefahrlos ist, dem anderen den ersten Blick zu schenken und ihm die Vorfahrt anzubieten. Am Ende gewinnen dann beide. Sie als derjenige, der das Zusammenleben mit einem Menschen aktiv fördert, sollten damit idealerweise anfangen und dieses Verhalten konsequent beibehalten. Wenn der Mensch dieses Verhalten nach einer Weile selbst zeigt, bestätigen Sie ihn und lassen ihn vor allem nicht als Verlierer dastehen. Dadurch entwickelt er die Fähigkeit, Weggabelungen zu erkennen und dort sinnvolle Entscheidungen zu treffen. Das wird ihm allein nicht so schnell gelingen. Dazu benötigt er Ihre Unterstützung.

Sie können ihm helfen, seine Wahrnehmung zu schärfen und kooperationsorientierte Selbstreflexion auszulösen. Es geht letztlich darum, andere zu sehen, selbst eindeutig sichtbar zu werden und sich mit anderen über innere Ähnlichkeiten zu verbinden. Was genau bedeutet das? Worauf beziehen sich »Sehen« und »Ähnlichkeit«?

05
Fünf fundamentale Innenstrukturen

»Sehen« und »Ähnlichkeit« beziehen sich auf innere
identitätsstiftende Persönlichkeitsstrukturen des
Menschen. Bei näherem Hinsehen erkennen wir fünf
deutlich unterscheidbare Persönlichkeiten [7]. Wir
bemühen uns, Menschen nicht in Schubladen zu
stecken. Das mögen sie überhaupt nicht. Menschen
glauben, sie seien einzigartig und unverwechselbar.
Auf einer individuellen Tiefenebene trifft dies auch
zu. Gleichzeitig hat der Mensch im Laufe seiner
langen Entwicklungsgeschichte eine Gestalt
angenommen, die schnelles Wahrnehmen und
Einordnen untereinander ermöglicht. Ein Beispiel aus
der Natur: Bäume. Wenn Sie ganz nah an eine Gruppe
von Eichen treten, stellen Sie fest, dass jede Eiche ein
Unikat ist. Das verwundert natürlich nicht. Wenn Sie
ein paar Schritte zurückgehen und etwas Abstand
halten, merken Sie, dass alle Eichen etwas gemeinsam
haben, etwas, das sie von anderen Bäumen
unterscheidet. Es lassen sich also Eichen von Birken
sofort unterscheiden, weil alle Eichen und Birken auf
der Ebene der Arten-Gestalt jeweils gleich aussehen,
obwohl sie auf der individuellen Ebene Unikate sind.
Das gilt im übertragenen Sinn auch für die
Innenstruktur von Menschen. Für die Kooperation
relevante Ähnlichkeiten und Unterschiede lassen sich
schnell wahrnehmen und einordnen. Darum geht es
im Folgenden.
    Es gibt fünf fundamentale innere identitäts-
stiftende Persönlichkeitsstrukturen. Hier die Übersicht in der Reihenfolge ihrer Häufigkeit mit jeweils
einigen beschreibenden Merkmalen:

Beziehung
Verbundenheit, Empathie, Zugehörigkeit,
Gleichheit, Gerechtigkeit, Hilfsbereitschaft

Ordnung
Denken, Kriterien, Strukturen, Argumente, Logik,
Wissen, Erfahrungen, Distanz

Leistung
Ziele, Handeln, Ergebnisse, Klarheit, Direktheit,
Tempo

Territorium
Ausdehnen, Einfluss, Dominanz, Macht,
Bedeutsamkeit, Anführen

Innovation
Freiheit, Neues, Einzigartigkeit, Ideenreichtum,
Veränderungen.

Schauen wir uns diese Typologie einmal näher an.
Menschen tragen all diese Persönlichkeitsanteile in
sich. Kaum jemand hat alle fünf gleichermaßen
ausgeprägt. Jeder verfügt über eine individuelle
Ausprägung. Manchmal ist ein einzelner Anteil
besonders ausgeprägt, meistens gibt es
Kombinationen. Am häufigsten sind Zweier-
Kombinationen mit einer primären und einer
sekundären Präferenz. Das hat die Natur sehr
raffiniert eingerichtet. Wenn Menschen all diese
Persönlichkeitsanteile in sich haben, können sie auch
Anknüpfungspunkte finden und mit jedem anderen
kooperieren. Dafür brauchen sie aber nicht alle
Anteile in gleich starker Ausprägung.

Kein Mensch ist vollständig und gleichzeitig ist jeder Mensch richtig so wie er ist. Vollständigkeit erreichen Menschen nur gemeinsam.

Jemand, dessen Anteile alle gleichermaßen stark ausgeprägt wären, würde sich über sich selbst wundern. Er wäre verwirrt. Die Widersprüchlichkeit dieser Anteile würde in seinem Inneren ständig nach Balance suchen, diese jedoch nicht finden und kaum zur Ruhe kommen. Er würde sich gerne mit anderen Menschen verbinden, sich etwas zurücknehmen und anderen seine Zeit schenken. Gleichzeitig hätte er den Drang, etwas zu erreichen und zwar möglichst schnell. Bei seinem hohen Tempo würde er andere dabei verlieren, was seinem Beziehungsanteil leidtäte. Aber aufhalten möchte er sich auch nicht lassen. Gleichzeitig wäre es ihm wichtig, Dinge sorgfältig zu durchdenken, möglichst im Detail. Das kostet Zeit. Außerdem würde er gerne Bewährtes bewahren und er wäre auch neuen Bekanntschaften gegenüber etwas reserviert. Gleichzeitig hätte er jeden Tag eine neue Idee und hätte überhaupt keine Lust darauf, Arbeiten zu verrichten, die sich wiederholen. Außerdem würde er sich ausdehnen und Großes bewirken und dabei nicht unbedingt Rücksicht auf die Langsamen, die Zögerlichen und die Bedenkenträger nehmen wollen.

Diese Persönlichkeit wäre nicht nur verwirrend für die Umwelt, sondern auch für sich selbst. In ihr würden viele Widersprüche zusammenfließen. Es wäre für diesen Menschen schwierig, eine eigene innere Ordnung herzustellen und sich dauerhaft mit anderen zu verbinden. Deshalb kommt eine solche Persönlichkeitsstruktur selten vor.

Es gibt jedoch einige wenige Menschen, deren Struktur dem nahe kommt. Vier Anteile sind stärker ausgeprägt, der fünfte Anteil kommt deutlich weniger zum Ausdruck. Konstanze ist ein gutes Beispiel dafür. Sie verfügt über starke territoriale Anteile in Verbindung mit Beziehung, Leistung und Innovation. Der Ordnungsanteil ist hingegen nicht so stark ausgeprägt. Stellen wir uns solch eine Person vor. Sie hat ein sicheres, selbstbewusstes und sehr präsentes Auftreten, manchmal direkt, leicht hemmungslos und gleichzeitig mit großer warmherziger Verbundenheit. Einer solchen »Umarmung« kann sich niemand entziehen. Hinzukommt ein innovativer, Grenzen überschreitender Ideenreichtum, der geleitet wird von dem Wunsch nach tatkräftigem Handeln und etwas Großes und Sinnvolles schaffen zu wollen. Faszinierend. Charismatisch. Selten. Eine klassische Netzwerkerin auf hohem Niveau.

Bei dieser Gelegenheit können wir auch das Rätsel des Begriffs Charisma lüften. Als charismatisch erleben wir Menschen, die über gegensätzliche Persönlichkeitsanteile verfügen, diese miteinander auf gelungene Weise integriert haben und dadurch aus einer Fülle von Verhaltensweisen schöpfen können. Die Gegenwart solcher Menschen löst bei uns eine besondere Resonanz aus. Unser Radar gerät in Schwingung und spürt diese wirksame Verknüpfung unterschiedlicher Persönlichkeitsanteile. Für einen Moment sind die gefühlten Widersprüche aufgehoben. In diesem Gleichklang verbinden sich die eigenen unterschiedlichen Anteile. Eine unbekannte Synergie wird spürbar. Eine eigene innere Kooperation zwischen den uns innewohnenden unterschiedlichen Persönlichkeitsanteilen findet statt, die eigenen inneren Anteile begegnen und verbinden sich. Ungekannte Potentiale werden spürbar. Es entfaltet und erfüllt sich ein tieferer Erlebensraum des Menschen. Etwas, nach dem er sich sehnt und es doch selten erlebt. Diese Resonanzerfahrung führt zu dem Gefühl von Charisma. Wenn diese charismatische Person auch noch frei und unabhängig ist, uns als Person sieht und mit uns etwas Beglückendes teilen möchte, materiell oder immateriell, dann liegen wir dieser Person zu Füßen. Bei Künstlern kommt das häufig vor. Wie gesagt, faszinierend und selten. Manchmal gibt es auch Verkäufer mit einer solchen Persönlichkeitsstruktur. Dann halten Sie bitte Ihre Brieftasche fest.

Wenden wir uns jetzt den »Normalfällen« zu. Die häufigsten Persönlichkeitsanteile sind BEZIEHUNG und ORDNUNG in vielfältigen Ausprägungen und Kombinationen. Beginnen wir mit dem Beziehungsanteil.

Beziehung
Verbundenheit, Empathie, Zugehörigkeit, Gleichheit, Gerechtigkeit, Hilfsbereitschaft.

Menschen mit einem starken Beziehungsanteil schätzen Verbundenheit und Einbezogensein in vertrauensvolle und harmonische Beziehungen. Wenn die Stimmung untereinander gut ist, können sie einen guten und wertvollen Beitrag leisten. Gerechtigkeit ist ein hoher Wert für sie. Gerechtigkeit bedeutet für sie, dass jeder auf gleiche Weise behandelt wird, beziehungsweise jeder gleichviel abbekommt. Hier ist eine Szene, die tatsächlich so passiert ist. In einem Team von vier Personen gab es einen sehr stark beziehungsorientierten Mann. Nach einer Mittagspause kam er mit einem Schokoriegel ins Büro zurück. Mit EINEM Schokoriegel. Dann packte er ihn aus, portionierte ihn akkurat in vier gleiche

Teile und verteilte diese an die Kolleginnen und sich selbst.

Solche Menschen sind in der Regel sehr mitfühlend, können andere gut einschätzen und vertrauensvolle Verbindungen herstellen. Hierin gründet sich der Selbstwert einer beziehungsorientierten Persönlichkeit. Empathie und gutes Gespür für das Gegenüber wirken positiv auf andere. Es entsteht das Gefühl, gesehen und wahrgenommen zu werden und dies stärkt deren Selbstwert. Solche Menschen nehmen sich für andere Zeit, hören gerne zu, teilen und helfen.

Diese Menschen verfügen über eine besondere **Vertrauensstrategie**. Sie geben anderen einen Vertrauensvorschuss, es sei denn, das Vertrauen wurde früher einmal missbraucht. Dann bleiben sie in Deckung. Aber grundsätzlich sind sie bereit, einer neuen Bekanntschaft auch mit einem Vertrauensvorschuss zu begegnen. Das muss man berücksichtigen und sich achtsam verhalten. Vielleicht denken Sie jetzt: Wenn alle Menschen so wären, dann würde es mit der Kooperation doch hervorragend klappen. Da hätten Sie recht. Aber Vorsicht. Jeder Persönlichkeitsanteil hat zwei Seiten. Zu Kooperation gehört auch, dass alle – auch unterschiedliche – Sichtweisen ausgetauscht und verarbeitet werden und am Ende Entscheidungen getroffen und umgesetzt werden. Dabei gibt es immer Mehrheiten und Minderheiten. Vermeintliche Gewinner und vermeintliche Verlierer. Das tut einer beziehungsorientierten Persönlichkeit weh. An dieser Stelle zögert sie. Es entsteht die Befürchtung, den anderen zu verletzen und damit die Beziehung zu belasten. Es könnten nun Kompromisse zustande kommen, die der Sache nicht gerecht werden und zu

Qualitätseinbußen führen. Im Zögern liegt die Gefahr, dass ein Entscheidungsvakuum entsteht. Vor allem territoriale, leistungs- und ordnungsorientierte Menschen würden dieses Vakuum spüren und instinktiv füllen. Sie würden in den Entscheidungsprozess eingreifen, ihn übernehmen und ungeduldig oder dominant die Führung an sich reißen. In einer solchen Situation müsste der Beziehungsmensch sein Territorium verteidigen. Dies fällt ihm aber schwer, weil er sich abgrenzen müsste. Sein Wunsch nach harmonischem Verbundensein würde dem entgegenstehen. Natürlich bedeutet dies nicht, dass Beziehungsmenschen sich nicht behaupten könnten. Es fällt ihnen nur nicht so leicht. Es entspricht nicht ihrer gefühlten Authentizität. Ein solches Verhalten an den Tag zu legen, bedeutet für sie eher Stress. Sie sagen dann oft, dass sie sich nicht verbiegen möchten. Mit Verbiegen hat das aber nichts zu tun, weil auch solche Menschen über einen territorialen Anteil verfügen. Es fühlt sich nur unbehaglich an, diesen Anteil zu aktivieren, weil er das Gegenteil zum vertrauten Authentizitätsbereich ist. Diesen inneren authentischen Erlebens- und Handlungsbereich bezeichnen wir als Komfortzone. Dies ist im positiven Sinne zu verstehen. Oft wird er despektierlich verwendet für Menschen, die sich nicht verändern möchten und lieber an Gewohnheiten festhalten. Gemeint ist hier jedoch der individuelle und authentische Erlebensraum eines Menschen. Dort hat er den optimalen Zugang zu seinen Kräften, Fähigkeiten und Potentialen. Von dort aus kann er sich mit anderen verbinden und erfolgreich wirken.

In diesem Sinne betrachtet, ist die Komfortzone der Kraftraum eines Menschen.

Nehmen wir an ein Beziehungsmensch arbeitet als Versicherungsverkäufer im Außendienst. Dann wird er schnell Vertrauen zu möglichen Kunden aufbauen können. Am Ende eines solchen Verkaufsgesprächs fühlen sich dann alle wohl. Jetzt muss der Verkäufer aber etwas tun, was für ihn als Beziehungsmensch mit der Befürchtung verbunden ist, dass es die gut aufgebaute Beziehung wieder zerstören könnte. Er muss das Verkaufsgespräch zu einem Abschluss bringen. Er muss den Kunden bitten, eine Entscheidung zu treffen. Dafür stellt er die sogenannte Abschlussfrage:

»Wir haben jetzt alle Themen besprochen und geklärt. Wir können diesen Vertrag jetzt in Kraft setzen. Sind Sie damit einverstanden?«

Auf diese Frage gibt es nur ein Ja oder Nein. Das weiß der Verkäufer natürlich und fürchtet sich davor. Denn ein Nein wird von einem Beziehungsmenschen immer auch als Ablehnung seiner Person und damit als Zurückweisung seines Beziehungsangebots erlebt. Natürlich wissen wir alle, dass das so nicht gemeint ist und dass ein Verkäufer ein Nein im Verkaufsgespräch nicht persönlich nehmen muss. Aber WISSEN und FÜHLEN sind zwei verschiedene Kategorien. Auch wenn er weiß, dass sich das Nein nur auf die Sachebene bezieht, kann ein Beziehungsmensch nicht verhindern, dass es sich für ihn als unangenehme persönliche Zurückweisung anfühlt. Es gibt viele beziehungsorientierte Menschen in interaktiven Entscheidungsfunktionen. Das ist auch völlig in Ordnung. Die Persönlichkeitsstruktur sagt nichts über die jeweilige Qualifikation aus. Sie sagt nur etwas über die wohlverstandene Komfortzone und deren Grenze aus.

Sie merken also, jeder Persönlichkeitsanteil hat zwei Seiten. Manche denken jetzt vielleicht an eine gute und eine schlechte Seite oder an eine helle und eine dunkle. Das wäre nicht angemessen und würde der feinen Qualität dieser Persönlichkeitsanteile nicht gerecht werden. Wenn man in gut und schlecht oder hell und dunkel denkt, dann entstehen sehr leicht nicht gerechtfertigte Entwertungen.

Vorsicht: Entwertungen

Entwertungen entstehen oftmals aus der unreflektierten und unverstandenen Wahrnehmung von Unterschieden. Was könnten also die anderen Persönlichkeitstypen über unseren Beziehungsmenschen denken?

Ein Ordnungsmensch denkt: Er ist mir zu emotional, zu unsachlich, zu sehr von Gefühlen anstatt von Argumenten beeinflusst, harmoniesüchtig und konfliktscheu.

Ein Leistungsmensch denkt: Der ist mir zu langsam, zu wenig zielorientiert, mehr an Kaffeekränzchen interessiert, zu rücksichtsvoll, zu wenig beweglich.

Ein territorialer Machtmensch denkt: Der ist nicht ebenbürtig, ein Umfaller, ein Weichei.

Der Innovative denkt: Der ist viel zu vorsichtig, zu sehr auf Sicherheit bedacht, nicht mutig genug, zu sehr in den eigenen Grenzen verhaftet, zu abhängig von anderen, zu ideenlos, langweilig.

All diese stereotypen Denkweisen sind verständlich und gleichzeitig ungerechtfertigt. Verständlich sind sie, weil sie der Dynamik folgen, dass Menschen einander mögen, wenn sie sich als ähnlich erleben. Umgekehrt bewahren sie eher Distanz, wenn sie auf

Menschen treffen, die unterschiedlich sind. Wenn diese initiale und instinktive Distanz nicht schnell überwunden wird, kann sie zu Abgrenzung und Ablehnung, sogar bis hin zu Entwertung und Feindschaft führen. Ungerechtfertigt sind sie, weil sie nichts über die Qualität des anderen Menschen aussagen, sondern nur etwas über seine authentischen Identitätsdynamiken und seine fundamentalen emotionalen Präferenzen. Die sind bei jedem so wie sie sind und das entzieht sich jeder Bewertung. Hier wurzelt die Würde des Menschen. Und die Würde ist der nicht antastbare Kern seines Seins. Darüber hinaus sind diese Stereotype selbstschädigend, weil wir wissen, dass erst in der kooperativen Verbindung dieser unterschiedlichen Persönlichkeitsanteile Menschen ihre Potentiale entfalten können.

Menschen sind in diesem Sinne also nie vollständig, aber immer richtig.

Denken wir also nicht in gut oder schlecht, in Stärken oder Schwächen, sondern denken wir lieber an eine Vorderseite und eine Rückseite. Wie bei einer Medaille. Einer Goldmedaille.

Die Vorderseite der Medaille
beziehungsorientierter Menschen

- Beziehungen aufbauen und pflegen
- Gemeinschaftssinn fördern
- Zugehörigkeit und Verbundensein herstellen
- Empathie
- Teilen und gerechtes Verteilen
- Unterstützen

- Fördern
- Befrieden und ausgleichen
- Vertrauen schaffen
- Kompromisse schließen anstatt Ergebnisse einseitig durchsetzen.

Die Rückseite der Medaille beziehungsorientierter Menschen

- Konflikten aus dem Weg gehen
- Vor Druck ausweichen
- Harmonie geht vor Durchsetzungswillen
- Beschwichtigen statt konsequent handeln
- Fördern statt fordern.

Dahinter verbergen sich Bedürfnisse und Befürchtungen.

Bedürfnisse: Sicherheit, Geborgenheit, Liebe.

Befürchtungen: Hilflosigkeit, Isolation, Vereinsamung, Verlassensein, Verlorensein.

Scan und Ähnlichkeit: Wenn Sie einem beziehungsorientierten Menschen begegnen, wissen Sie etwas mehr darüber, wie er Sie scannt. Unter dem Kriterium Ähnlichkeit wird er prüfen, ob Sie zugewandt sind, geduldig, ob Sie zuhören können, sich für ihn als Person interessieren, ob Sie sich Zeit nehmen für das Kennenlernen oder nur an einem sachlichen Nutzen interessiert sind. Ob Sie bereitwillig teilen und helfen und ob Sie friedfertig, freundlich und hilfsbereit sind.

So könnte eine Gebrauchsanweisung für einen Menschen mit einem hohen Beziehungsanteil aussehen. Es gibt aber eine Hürde. Angenommen Sie sind eine ordnungsorientierte Persönlichkeit und Ihnen sind Sachthemen wichtiger als der Austausch von emotionalen Befindlichkeiten. Sie möchten zügig über Details sprechen. Der Gebrauchsanweisung folgend bedeutet das, dass Sie sich nun etwas Zeit nehmen, zuerst über Persönliches sprechen, in Ruhe einen Kaffee miteinander trinken und dann erst auf die sachlichen Themen überleiten. Ein Ordnungsmensch versteht das natürlich und er könnte das auch, aber es entspricht überhaupt nicht seiner Komfortzone. Er entwickelt eher das Gefühl, er müsste sich verbiegen, um mit dem Gegenüber einen vertrauensvollen Kontakt herzustellen. An dieser Stelle entsteht Widerstand. Dieser Widerstand richtet sich gegen das bewusste Herstellen von Ähnlichkeit mit Menschen, die deutliche Unterschiede in ihrer Persönlichkeit im Vergleich zu einem selbst aufweisen. Dieser Widerstand steht aber erfolgreicher Kooperation im Wege. Hier wird wieder unser Dilemma sichtbar. Schauen wir uns das näher an. Sie werden im Folgenden bemerken, dass sich die Sprache den jeweiligen Persönlichkeiten anpasst. Dies dient der leichteren Lesbarkeit für die jeweils angesprochene Person. Gleichzeitig soll es Ihnen einen Eindruck vermitteln, wie Sie mit den Mitteln der Sprache – ohne sich verbiegen zu müssen – mit unterschiedlichen Persönlichkeiten Vertrauen herstellen können.

Ordnung

Denken, Kriterien, Strukturen, Argumente, Logik, Wissen, Erfahrungen, Distanz.

Menschen mit hohem Ordnungsanteil erwarten, dass ein Vorgang plausibel und logisch durchdacht ist. Das erfordert vom Gegenüber strukturiertes Denken, das sich entlang relevanter Kriterien entwickelt. Diese Kriterien müssen sich aus sachlichen Erkenntnissen und Zusammenhängen ableiten lassen und nicht – wie beim Ehemann in unserem Limoncello-Beispiel – diffusen emotionalen Befindlichkeiten folgen. Erleben und Handeln sollten eine rationale Grundlage haben und weitgehend unbeeinflusst von emotionalen Gefühlen sein. Sachliche Gefühle, die auf Wissen und Erfahrung beruhen, sind gestattet. Struktur und Ordnung erleben diese Menschen als Gerüst, das Sicherheit gibt und als Basis für äußeren Zusammenhang und inneren Zusammenhalt dient. Ordnungsmenschen in Organisationen schätzen Hierarchien, weil diese für sie die Voraussetzung für Aufbau und Entwicklung sind. Ebenso würdigen und bewahren sie die bewährten Errungenschaften der Vergangenheit so lange, bis es aus ihrer Sicht genug sicheres Erfahrungswissen gibt, um Neuland zu betreten. Fairness ist ein hoher Wert und bedeutet, dass Entscheidungen auf der Basis von vernünftigen Argumenten und eindeutigen Kriterien getroffen werden. Fairness bedeutet dagegen nicht Gleichbehandlung. Gleichbehandlung gilt nicht als eigenständiges Kriterium, sondern als die Folge von Kriterien, wenn alle Entscheidungsfaktoren tatsächlich gleichwertig sind. Da sie das selten sind, ist Ungleichbehandlung von Ungleichem für Ordnungsmenschen fair. Korrektes Verhalten, zurückhaltende Höflichkeit und kontrollierte Emotionalität sind weitere Erkennungsmerkmale ordnungsorientierter Persönlichkeiten. Ihnen ist wichtig, dass andere ihnen mit Respekt begegnen; dazu gehört, bei der Erstbegegnung etwas Distanz zu wahren, sich durch sachliches Austauschen angemessen näher zu kommen und nicht zu früh auf Entscheidungen zu drängen. In der Öffentlichkeit mögen sie kein Gedrängel, zu enges Sitzen im Flugzeug und vor allem nicht distanzloses lautes Telefonieren von selbstbezogenen Wichtigtuern.

Wenn Sie einen Ordnungsmenschen zu sich nach Hause zu einem gemeinsamen Abendessen mit Freunden einladen und er kommt als Erster, dann wäre es ein kleiner Fehler, ihm freudig lächelnd zu sagen: »Es ist noch alles frei. Suchen Sie sich einen Platz aus.« Für einen Ordnungsmenschen ist das unangenehm. Er kann die Hausordnung nicht erkennen und einschätzen, möchte niemandem seinen angestammten Platz nehmen und würde sich allein am Tisch auch etwas orientierungslos fühlen. Es würde ihm auch nicht helfen, wenn Sie ihm jetzt sagen: »Übrigens, wir sehen das alles locker, wir haben keine besondere Ordnung hier. Fühlen Sie sich frei.« Damit würden Sie die Unähnlichkeit auf die Spitze treiben und die Komfortzone des Ordnungsmenschen unnötig strapazieren. Wahrscheinlich wäre sein innerer Scan jetzt im Alarmzustand und er würde sich fragen, was er hier überhaupt macht und wie er schnell wieder aus dieser Situation herauskommt? Was wäre also ein angemessenes und artgerechtes Verhalten Ihrerseits als Gastgeber? Heißen Sie ihn willkommen, lassen Sie ihn nicht allein und bieten Sie ihm einen vorausgeplanten Platz an.

Gastgeber:	»Herzlich Willkommen. Sie sind der erste Gast heute Abend. Das freut mich ganz besonders.«
Gast:	»Oje, ich bin der Erste?«
Gastgeber:	»Ich gehe einmal voraus und zeige Ihnen wo wir heute Abend essen und uns unterhalten werden.«
Gast:	»Gerne.«
Gastgeber:	»Hier ist der Tisch. Diesen Platz haben wir für Sie reserviert. Da haben Sie alles bestens im Blick. Ist dies in Ordnung für Sie?«
Gast:	»Das ist sehr freundlich von Ihnen.«
Gastgeber:	»Darf ich Ihnen jetzt erst einmal etwas zu trinken anbieten?«
Gast:	»Gerne, aber nichts Alkoholisches.«
Gastgeber:	»Selbstverständlich. Darf es etwas Fruchtiges sein?«
Gast:	»Vielen Dank, gerne. Wen haben Sie denn heute eingeladen?«
Gastgeber:	»Während wir warten, gebe ich Ihnen mal einen Überblick.«

Denken Sie an den Scan. Der Gast wird jedes Detail Ihres Verhaltens registrieren und – wie in diesem Beispiel – dankbar erkennen, dass Sie seine Bedürfnisse achten. Damit würdigen Sie ihn als Person und stärken seinen Selbstwert.

Sollten Sie ein Beziehungs- oder Leistungsmensch sein, werden Sie auch hier wieder merken, dass dieses Verhalten nicht Ihrer Komfortzone entspricht. Mittels geeigneter Sprache können Sie dieses Dilemma aber leicht auflösen. Ordnung bedeutet für Ordnungsmenschen nicht unbedingt, dass der Schreibtisch oder die Wohnung aufgeräumt sind.

Ordnung ist eher als innere Ordnung zu verstehen, die durch logische Denkstrukturen und Detailwahrnehmung gekennzeichnet ist. Dies führt zu einem interessanten Phänomen. Es entsteht ein Innenraum, der Orientierung gibt und in dem sich der Ordnungsmensch autonom aufhalten und bewegen kann. Stellen Sie sich das wie ein Archiv mit vielen Fächern und Schubladen vor, wie eine Bibliothek mit vielen Büchern, in denen das Erfahrungswissen gesammelt ist. Darauf können Ordnungsmenschen jederzeit zugreifen. Dies hat zwei Auswirkungen: Erstens verfügen sie über stark ausgeprägte interne Referenzen und zweitens ziehen sie sich gerne in ihren Innenraum zurück. Was mit internen Referenzen gemeint ist, zeigen die folgenden drei Beispiele.

Sie gehen mit einem Freund oder einer Freundin essen, lesen die Speisekarte, wissen nicht genau was Sie essen möchten und fragen Ihr Gegenüber: »Was nimmst du denn heute?« Dieser macht einen Vorschlag und Sie sagen: »Ach ja, das nehme ich dann auch.«

Sie brauchen also für Ihre Entscheidung einen Hinweis von außen, einen Impuls oder eine Empfehlung. Das ist eine externe Referenz. Sie kennen das auch von amerikanischen Filmplakaten. Die meisten Hollywoodfilme werden von zwei oder drei bekannten Filmstars angeführt. Das ist nicht unbedingt Filmkunst, sondern eher Marketing. Und obwohl diese Schauspieler bekannt sind, finden Sie auf den Filmplakaten unter dem Namen immer eine Referenz zu einem ebenfalls bekannten Film, in dem sie mitgespielt haben. George Clooney – Oceans Eleven. Dies ist ebenfalls eine externe Referenz, macht auf den ersten Blick eigentlich keinen Sinn, hilft aber Menschen ohne ausgeprägte interne Referenzen, schneller – nicht unbedingt besser – zu entscheiden. Ein Ordnungsmensch würde jetzt sagen: »Ahnungslosen muss man sagen wie sie sich entscheiden sollen«.

Nett ist auch diese bekannte Szene: Mann verlässt das Haus. Frau schaut ihn an und sagt: »So kannst du aber nicht auf die Straße gehen.« Mann schaut an sich herunter und fragt: »Warum denn nicht?« »Ja siehst du das denn nicht? Die Farben passen doch gar nicht zusammen und die Schuhe auch nicht.« Nein, der Mann sieht das nicht, weil ihm die internen Referenzen fehlen. Er braucht also seine Frau als Bekleidungsberaterin.

Das kann Ordnungsmenschen eher nicht passieren. Sie verfügen fast immer über ausreichend Erfahrungswissen und relevante Kriterien, um jederzeit selbst entscheiden zu können. Interne Referenzen sind also erfahrungs- oder wissensbasierte, für unterschiedliche Kontexte relevante Ordnungs- und Entscheidungskriterien. Solchermaßen entwickelt und gestaltet sich der autonome Innenraum ordnungsorientierter Persönlichkeiten. In diesen Innenraum ziehen sie sich gerne zurück. Hier gehen äußere und innere Realitäten ineinander über. Für Ordnungsmenschen ist mit diesem Innenraum weder Flucht, noch Resignation verbunden. Er ist eher ein strategischer Rückzugsraum, in dem sie die Sachlagen und Argumente noch einmal prüfen und neu sortieren können, in dem sie sich in Ruhe Gedanken machen und sich selbst ordnen können.

Ordnungsmenschen mögen kein Bad in der Menge. Sie sind eher zurückgenommen in ihrer Außen- und Beziehungsorientierung. Ihr Innenraum dient damit auch ihrer Außen-Innen-Balance. Stark extrovertierte Menschen sind davon irritiert. Beziehungsmenschen denken dann manchmal, dass der Ordnungsmensch sie nicht mag. Das ist aber meistens nicht der Fall. Wer dies richtig einschätzen kann, kann mit Ordnungsmenschen artgerecht umgehen. Wer das nicht angemessen einschätzen kann, könnte in eine solche Szene geraten: Ein Mann wird an einem Samstag zu einer Sommerparty von Freunden eingeladen und soll auf alle Fälle seine neue Freundin mitbringen. Die Party findet in einem »Garten« statt. In der Realität handelt es sich dabei um ein Stück umzäunte Wiese mit einer Bretterbude und Sperrmüllmöbeln. In Großstädten, in denen Grünflächen knapp sind, gibt es das manchmal. Das sind die berühmten »Lauben«. Die neue Freundin hat einen starken Ordnungsanteil. Am Vormittag entsteht folgender Dialog:

Mann:	»Tom hat uns zu einer Gartenparty eingeladen. Hast du Lust mitzukommen?«
Frau:	»Aber ich kenne da ja niemanden.«
Mann:	»Deshalb ist das doch eine tolle Gelegenheit. Da lernst du alle mal kennen.«
Frau:	»Aber für mich sind das doch alles Fremde. Ich weiß nicht so recht.«

So geht das hin und her. Wertvolle Zeit vergeht. Gegen Nachmittag hat der Mann seine Freundin überzeugt oder überredet, doch mit zu der Gartenparty zu kommen. Zu dieser Zeit sind die meisten dort aber bereits verschwitzt und betrunken. Mann und Freundin kommen am Gartentor an.

Großes Hallo. Die ersten schwanken auf den Mann zu und begrüßen ihn überschwänglich mit Umarmungen und Küssen. Man ist halt befreundet. Das findet der Mann auch okay. Jetzt kommen wir an eine Weggabelung – Artgerechtes Begrüßen von Ordnungsmenschen auf einer Gartenparty. Der Mann würde die Frau jedem einzelnen vorstellen und mit einem gewissen körperlichen Abstand bekannt machen und ihr dann einen Sitzplatz und etwas zu trinken anbieten. Wir merken bereits jetzt, dass eine Gartenparty mit vielen fremden Menschen an einem Samstagnachmittag nicht der unkomplizierteste Rahmen für die Kontaktaufnahme mit Ordnungsmenschen ist. An dieser Weggabelung bogen alle falsch ab. Die angetrunkenen Gäste meinten es gut, dachten »Ähnlichkeit passt immer« und schwankten genauso freudetrunken auf die neue Freundin zu, wie sie es mit ihrem Kumpel getan hatten, umarmten und küssten sie. Diese machte daraufhin ein Gesicht wie ein Karpfen und war völlig geschockt. Das war vorhersehbar. Das lassen Ordnungsmenschen nicht mit sich machen. Ähnlichkeit bezieht sich immer auf die Zielperson, nicht auf sich selbst oder, wie hier, auf Vergleichspersonen. Das war gut gemeint, aber schlecht vorgetragen. Das Sitzen auf den Sperrmüll-möbeln machte es auch nicht besser. Nach nur fünf Minuten fragte sie ihren Mann: »Wann gehen wir wieder?«

Übrigens passiert das manchmal auch in männerdominierten Unternehmen, wenn Männer neu eingestellte Frauen besonders gutgemeint und zuvorkommend integrieren möchten [Verfügen Sie, liebe Leserin, über eine ordnungsorientierte Persönlichkeit, dürfte der Begriff »integrieren« sofort ein deutliches Störgefühl ausgelöst haben]. Sie behandeln sie dann als wären sie Männer. Sie laden sie zum Beispiel an einem Freitagnachmittag nach Feierabend zum wöchentlichen Biergelage ein, trinken, rauchen, johlen, erzählen schlechte Witze und denken, wie toll offen und liberal sie sind – Ähnlichkeit. Leider falsch verstanden und nicht so lustig für die Frauen. Ein großes internationales Unternehmen führte ein Meeting einer Gruppe von Führungskräften an seinem Produktionsstandort in China durch. Alles Männer. Eine Frau. Alle mochten sie. Kein Unterschied. Am Abend landeten sie in einem Bordell. Mit der Frau. Erst dort merkten die Herren, dass sie wohl ein Detail übersehen hatten.

Ordnungsmenschen haben eine spezielle **Vertrauensstrategie**. Sie geben keinen Vertrauensvorschuss, sondern lassen den anderen durch ein besonders präzises Raster laufen. Was kann er? Denkt er in logischen Schritten? Bleibt er sachlich? Bewahrt er Distanz? Der andere muss dem Ordnungsmenschen beweisen, dass er all das kann. Das tut er am besten, indem er nicht nur Taten sprechen lässt und Ergebnisse liefert, sondern auch nachweist, wie er im Detail zu diesen Ergebnissen gekommen ist. Und das nicht nur einmal, sondern mehrmals. Wie oft? Das kann etwas dauern. Bringen Sie Zeit und Ausdauer mit.

Der ordnungsorientierte Mensch denkt von sich: »Wenn alle so wären wie ich, dann wäre die Welt geordnet und würde bestens funktionieren.« Das stimmt selbstverständlich auch. Gleichzeitig gibt es aber nicht nur Ordnungsmenschen. Und hier wird die Rückseite der Medaille sichtbar. Wenn Sie einen ordnungsorientierten Menschen auf eine Netzwerkparty mit hundert fremden Menschen schicken und ihn auffordern, mit zehn neuen Kontakten zurückzukommen, ist das die Höchststrafe für ihn. Ordnungsmenschen brauchen für die Kontaktaufnahme und für den Aufbau von Vertrauen mehr Zeit als andere. Vertrauen ist aber die Bedingung für Kooperation. Wenn man dafür mehr Zeit braucht als andere und wenn diese das nicht wissen, dann wird dieser Zeitbedarf als Distanz oder gar als Zurückweisung empfunden und Kooperation kann sich nicht uneingeschränkt entwickeln. Kooperation ist für einen Menschen mit stark ausgeprägten internen Referenzen ohnehin nicht selbstverständlich. Er fragt sich ständig: »Warum soll ich überhaupt mit anderen zusammenarbeiten? Ich weiß doch wie es geht. Im Grunde halten die anderen mich doch nur auf.« Wenn ein Ordnungsmensch über viel Wissen und Erfahrung verfügt, prägt das seinen Selbstwert und seine Identität. Er schaut dann auf andere und denkt: »Die sind alle viel dümmer als ich.« Das ist nicht einmal arrogant und abwertend gemeint. Für den Ordnungsmenschen ist das schlicht eine sachliche Feststellung. Und das sind keine idealen Voraussetzungen für Kooperation. Sie sehen, dass die Sache mit dem artgerechten Miteinander nicht einfacher wird. Auch hier drohen Entwertungen.

Vorsicht: Entwertungen

Was könnten also andere Persönlichkeitstypen über unseren Ordnungsmenschen denken?

Beziehung: Er zeigt zu wenig Gefühl, viel zu sachlich, zu unpersönlich, verschlossen, abgrenzend, trocken, ein Eigenbrötler.

Leistung: Der ist viel zu langsam, zu detail-orientiert, zu unbeweglich, bürokratisch, Bedenkenträger und Klugscheißer.

Territorium: Der ist nicht ebenbürtig, zu engstirnig, aber durchaus nützlich, wenn es um Zahlen geht.

Innovation: Der ist zu verhaftet in alten und engen Denkgewohnheiten, risikoscheu, »Bottleneck«, langweilig, uninteressant.

Entwertungen beugt man vor, indem man auf die guten Eigenschaften schaut.

Die Vorderseite der Medaille ordnungsorientierter Menschen

- Wissen und Erfahrungen
- Kriterien basiertes strukturiertes Denken
- Argumente und Logik
- Gute Wahrnehmung
- Sinn für Details [Experten erkennt man daran, dass sie Details erkennen, die andere nicht wahrnehmen können]
- Sinn für Fairness
- Verlässlichkeit
- Besonnenheit
- Trockener Humor.

Die Rückseite der Medaille ordnungsorientierter Menschen

- Keine Neigung zu persönlichem Austausch
- Zurückhaltende Emotionalität
- Abneigung gegenüber »politischem« Netzwerken

- Hohe Detailorientierung bis zur Belastung für den Gesprächspartner
- Hohe Unabhängigkeit bis hin zum Rückzug aus Interaktionen
- Abneigung gegen Small Talk und Kontaktaufbau.

Bedürfnisse: Fundiertes Wissen, sichere gedankliche Koordinaten, Struktur, Orientierung.

Befürchtungen: Unordnung, Chaos, Sinnlosigkeit, Orientierung verlieren, ins Bodenlose fallen, den Halt verlieren.

Scan und Ähnlichkeit: Wenn Sie einem ordnungsorientierten Menschen begegnen, wird er prüfen, ob Sie sachlich, strukturiert, respektvoll, höflich und korrekt sind, ob Sie an seinem Wissen und seinen Erfahrungen interessiert sind oder nur an einem oberflächlichen Small Talk, ob Sie sich Zeit für respektvolles Kennenlernen nehmen und ob Sie selbst über Wissen und Erfahrungen verfügen, die Sie bereitwillig teilen, und ob Sie sogar selbst bereit sind, vom ihm zu lernen.

Somit haben Sie eine Gebrauchsanweisung für einen Menschen mit einem hohen Ordnungsanteil. Das ist wieder leichter gesagt als getan. Angenommen Sie sind eine leistungsorientierte Persönlichkeit, möchten schnell auf den Punkt kommen und bei Gesprächen Zeit sparen. Der Gebrauchsanweisung folgend bedeutet das, dass Sie sich auf das Gespräch strukturiert vorbereiten und auf der Grundlage einer Agenda mit vielen Unterpunkten die jeweiligen Details erörtern.

Ein Leistungsmensch ahnt dies bereits und wird schon nervös und ungeduldig, bevor es überhaupt losgeht. Das ist eine riesige Herausforderung für dessen Komfortzone. Schauen wir uns diese einmal näher an. Schnell und auf den Punkt.

Leistung
Ziele, Handeln, Ergebnisse, Klarheit, Direktheit, Tempo.

Für leistungsorientierte Personen zählen am Ende nur die Ergebnisse. Sie sind fokussiert, schnell und wollen in aller Klarheit Dinge auf den Punkt bringen. Tempo. Handeln. Resultate. Sie erleben andere Menschen als langsamer. Folglich sind sie oft ungeduldig. Sie erledigen Aufgaben lieber selbst, ehe Sie anderen erklären, wie es geht. Sie reden schneller, bewegen sich schneller und essen ihr Pausenbrötchen am liebsten im Gehen. Sie können eigentlich nie richtig innehalten. Wenn alle so wären, wären wir alle schneller fertig. Eigentlich prima, oder?
»Schneller« bezieht sich immer auf andere, die anders, in diesem Fall langsamer sind. Wenn alle so wären, gäbe es diese anderen Langsameren ja nicht. Dann gäbe es auch kein schneller. Dann wäre alles gleich schnell. Welchen Nutzen hätte das? Keinen. Das Tempo wäre relativ. Es hätte kein Maß mehr. Außerdem würde sich dann niemand mehr Zeit nehmen für die Details, für langes Nachdenken, für Suchen und Entdecken. So etwas wie Gödels Unvollständigkeitssätze wären dann nie erdacht worden. Das hätte einfach zu lange gedauert. Zu kompliziert. Das Adagio in Beethovens 3. Sinfonie würde nicht 15 Minuten dauern, sondern höchstens

siebeneinhalb. Überhaupt wäre man schneller aus dem Konzertsaal wieder raus.

Leistungsorientierte sind cool, aber für unser übergeordnetes Ziel, Kooperation, müssten sie manchmal ihr Tempo vermindern, damit die anderen andocken können und nicht auf dem gemeinsamen Weg vom Fahrtwind weggeweht werden. Das ist für Leistungsmenschen schwierig. Das entspricht nicht ihrer Komfortzone.

Ist unter diesen Bedingungen Kooperation zwischen unterschiedlichen Menschen überhaupt möglich? Nun könnte jemand auf die Idee kommen, dass die einzelnen sich doch nur etwas anpassen müssten. Der Beziehungsmensch müsste etwas direkter werden, der Ordnungsmensch etwas gefühlvoller und der Leistungsmensch etwas langsamer. Aber HALT! Dies ist dann keine Kooperation unterschiedlicher authentischer Menschen mehr, sondern der Versuch, die Unbequemlichkeit menschlicher Vielfalt einzuebnen und gleich zu machen. Die Botschaft wäre: »So wie du bist, gefällst du mir nicht. So wie du bist, bist du nicht nützlich. Werde ein anderer, als der, der du bist«. Das wäre Konformitätsterror. Vor allem würde dies den Selbstwert der Menschen verletzen und das führt zu einem ganz besonderen Phänomen im menschlichen Verhaltensrepertoire: Widerstand.

Wer im Widerstand ist, kooperiert nicht. Dieses besondere Thema schauen wir uns später noch genauer an. Jetzt noch schnell die **Vertrauens-strategie** des Leistungsorientierten. Ganz einfach: Wenn der andere schnell anpackt, Lösungen findet und diese schnell in die Tat umsetzt und das Ganze zwei, drei Mal zeigt, dann entsteht Vertrauen.

Eigentlich einfach und cool. Trotzdem drohen auch hier Entwertungen.

Vorsicht: Entwertungen

Was könnten also die anderen Persönlichkeiten über unseren Leistungsmenschen denken?

Beziehung: Er ist zu unpersönlich, zu wenig Zeit für echtes Kennenlernen, nur auf Ziele aus und nicht auf das Miteinander, oberflächlich, hektisch, ständig gestresst, eigentlich bedauernswert.

Ordnung: Er ist viel zu oberflächlich, keinen Sinn für Details, fehleranfällig, undurchdacht, zu drängelnd, eigentlich nervig.

Territorium: Seltsam, immer in Bewegung, aber nützlich, kann man einsetzen und arbeiten lassen.

Innovation: Der ist wie ein ICE, in festen Gleisen, nur nach vorne, und irgendwann bleibt er liegen. Aber eigentlich super, wenn er sich mal Zeit für neue Ideen nehmen würde.

Entwertungen beugt man vor, indem man auf die guten Eigenschaften schaut.

Die Vorderseite der Medaille leistungsorientierter Menschen

- Schnelle Auffassungsgabe
- Hohes Tempo
- Schnelles Handeln und »Auf den Punkt kommen«
- Klarheit schaffen
- Keine politischen Spielchen spielen

- Wettbewerb annehmen
- Herausforderungen suchen
- Grenzen testen
- Ergebnisse liefern.

Die Rückseite

- Ungeduld
- Geringe Bereitschaft zum Delegieren
- Tendenz zum Workaholic
- Risiko des Burnouts
- Keine Zeit für Beziehungspflege
- Wenig diplomatisch.

Bedürfnisse: Bewegen, Handeln, Wirken, Leisten.

Befürchtungen: Stillstand, Ohnmacht, Nutzlosigkeit, Verlust der Existenzberechtigung.

Scan und Ähnlichkeit: Wenn Sie nun einem leistungsorientierten Menschen begegnen, wissen Sie etwas mehr darüber, wie er Sie scannt: Er wird prüfen, ob Sie schnell und klar sind, zur Sache und auf den Punkt kommen, Action mögen. Das reicht schon, um eine erste Kontaktbrücke zu bauen. Jetzt kann es losgehen. Das war schnell, für Leistungsmenschen eben. Aber mal langsam, zwei Dinge noch, ganz kurz:

Burnout-Gefahr und Ausnutzungs-Gefahr

Das Tempo der Leistungsmenschen ist grundsätzlich ein authentisches Verhaltensmerkmal. Allerdings kann niemand sagen, welches Tempo authentisch ist und ab welchem Tempo der rote Bereich anfängt.

Auch Leistungsmenschen selbst können diesen Grenzbereich manchmal nicht einschätzen. Deshalb besteht hier die Gefahr, dass sie immer noch eine Schippe drauflegen. Geht ja auch, bis es eben nicht mehr geht. Dann ist es aber zu spät. Diese Verhaltensdynamik entsteht oft infolge von Kompensationsbedürfnissen, insbesondere wenn Leistungsmenschen aus Familien kommen, in denen das Gute nie gut genug war oder in denen die Angehörigen nie ihre Potentiale entfalten konnten. Das bedeutet, dass der Leistungsmensch eine gefühlte Leere durch Leistung dauerhaft ausfüllen will. Da diese Leere aus einer vergangenen Zeit und einem anderen Lebensumfeld stammt, können die Anstrengungen aber nie zu einer echten Befriedigung führen. Diese Leere lässt sich nachträglich nicht füllen. Sie bleibt immer bestehen. Deshalb sind diese Anstrengungen vergeblich. Statt aufzugeben macht der Leistungsmensch fast zwanghaft weiter. Immer mehr. Bis zum Burnout.

Die Lösung liegt im Loslassen, im Aufhören und Beenden. Dies ist aber mit dem Gefühl des Verlustes der Existenzberechtigung verbunden. Der innere Satz vieler Leistungsmenschen ist: »Wenn du etwas leistest, darfst du sein.« Der Mensch als solches ist an dieser Stelle sehr empfindlich und wird schnell krank. Vor allem innerlich. Für Außenstehende ist das oftmals nicht verständlich. Wenn man hingegen drinsteckt, gibt es kaum ein Entrinnen. Sollten Sie einen solchen Menschen in Ihr nahes Umfeld aufgenommen haben, sagen Sie ihm folgendes und zwar ganz langsam: »Du darfst so sein, wie du bist.« Sie geben dem Leistungsmenschen damit einen Raum für artgerechtes Sein. Zusätzlich verzichten Sie auf Ihren Vorteil. Sie könnten auch etwas anderes tun. Sie könnten denken, dieser Mensch ist von einem immensen Leistungsdrang angetrieben und das nutze ich aus. Leistungsmenschen werden auch häufig ausgenutzt. Als Angestellte in Unternehmen werden sie oft wegen ihrer Leistungen befördert. Aber nicht immer zum Nutzen und zur Entfaltung der Person, sondern durchaus häufig aus Eigennutz der Entscheider.

Wir haben eben unter der Überschrift »Vorsicht: Entwertungen« erörtert, dass insbesondere territoriale Menschen Leistungsmenschen für nützlich halten. Hier droht die Gefahr des Ausnutzens in besonderem Maße. Sie können einen Leistungsmenschen vor Missbrauch bewahren, indem Sie ihn fragen: »Was möchtest du für dich selbst?« Er wird diese Frage nicht immer zeitnah beantworten können. Bleiben Sie geduldig. Irgendwann wird er seinen eigenen Weg finden und Ihnen Ihre Zugewandtheit um ein Vielfaches zurückgeben.

Wir haben bereits territoriale Persönlichkeiten angesprochen. Echte territoriale Menschen haben wahrscheinlich schon aufgehört, dieses Buch zu lesen, wenn sie überhaupt damit begonnen haben. Sie schätzen es nicht, dass andere ihnen die Welt erklären wollen. Verständlich. Geht mir genauso. Da haben wir etwas gemeinsam. Wenn Sie jetzt dranbleiben, haben Sie einen Nutzen für sich. Sie lernen wie andere ticken. Sie lernen wie Sie andere »lesen« können. Sie lernen wie Sie andere noch besser einsetzen können. Natürlich für das Große und Ganze. Außerdem kommt jetzt Werbung für Sie. Also dranbleiben. Alles klar?

Territorium

Einfluss, Ausdehnen, Dominanz, Macht,
Bedeutsamkeit, Anführen.

Territoriale Menschen oder Machtmenschen sind die
Persönlichkeiten, die am häufigsten fehleingeschätzt
werden. Ihr Verhalten wird oft als negativ, unhöflich,
abgrenzend oder dominant betrachtet. Dies trifft aber
nicht zu. Ihr Verhalten ist einzig eine besondere
Ausprägung menschlicher Erlebens- und Handlungs-
dynamiken.

Solche Persönlichkeiten nehmen Aufgabenfelder
oder Positionen wie Territorien wahr. Diese
Territorien gilt es, zu erobern, zu besetzen, zu
erweitern und vor allem abzuschirmen und zu sichern.
Mut, Entschlossenheit und Durchsetzungsvermögen
gehören deshalb zu ihren besonders prägnanten
Merkmalen. Sie verfügen über einen Sinn für das
Große und Ganze, für Vision und Expansion und
sind bereit, Verantwortung und Führung zu
übernehmen. Daraus resultiert eine Verhaltens-
tendenz zu Größe, Abgrenzung und Dominanz.
Hierin gründet der Selbstwert von machtorientierten
territorialen Menschen. Andere können dies oft nicht
einordnen und damit auch nicht umgehen. Sie erleben
dieses Verhalten als Angriff, verteidigen sich dann
sofort oder weichen aus. Das erlebt der Machtmensch
als Schwäche und nimmt dieses Verhalten nicht ernst.
Er sucht und schätzt ebenbürtige Menschen oder
auch ebenbürtige Gegner. Erkennen sie im
Gegenüber einen Nutzen und verhält sich dieser
standhaft und fällt bei deutlichen Worten nicht gleich
um, respektieren sie ihn. Dann ist Kooperation
möglich. Sonst eher nicht.

Klassische Machtorientierte sind Hausmeister, Platzwarte, Chefärzte und Parteivorsitzende.

Die häufigsten Fehleinschätzungen lauten:

- Territoriale Menschen sind grob und unhöflich
- Sie sind die besseren Führungspersönlichkeiten.

Territoriale Menschen sind grob und unhöflich

Zugegeben, sie verhalten sich oft so. Ein Beispiel: Ein neuer Mieter in einer Hochhaussiedlung trifft zum ersten Mal auf seinen Hausmeister und stellt sich höflich vor. Wäre der Hausmeister ein beziehungsorientierter Mensch, würde er jetzt folgendes sagen: »Wie schön, Sie kennen zu lernen. Hatten Sie einen angenehmen Umzug? Haben Sie sich schon etwas eingelebt? Fühlen Sie sich wohl in unserem Haus? Brauchen Sie etwas?« Sie haben es wahrscheinlich schon erkannt, beziehungsorientierte Hausmeister sind wohl eher selten. Unser territorialer Hausmeister – und das ist tatsächlich passiert – reagiert so: Er sieht den neuen Mieter von oben nach unten an und grunzt. Nach einem Moment sagt er noch:»Ich habe feste Sprechzeiten und rufen Sie mich nicht wegen jeder Kleinigkeit an.« Dann dreht er sich um und geht. Das ist auf den ersten Blick schon etwas grob und unhöflich. Wenn wir jetzt einen zweiten Blick auf dieses Verhalten werfen, entsteht ein etwas anderes Bild. Was geht in diesem Hausmeister vor? Was ist sein innerer Prozess? Er tut das, was alle anderen auch tun. Er scannt sein Gegenüber vor allem nach Signalen der Ähnlichkeit. Wann ist nun jemand einem Machtmenschen ähnlich? Wonach sucht der Machtmensch im anderen? Was ist das Schlüssel-signal?

Ein Machtmensch erlebt den anderen als ähnlich, wenn er kein Weichei ist. Er erkennt dies daran, dass dieser nicht umfällt. Um das zu erkennen, muss er den anderen aber erst einmal anhauen. Also ist die robuste Begrüßung ein Test auf Ähnlichkeit. Jetzt kann der Machtmensch an der Reaktion des anderen ablesen, ob er umfällt oder stehen bleibt und ob er aus gleichem Holz geschnitzt ist.

Ein Beziehungsmensch macht dies grundsätzlich auch. Nur etwas anders. Er bietet einem Besucher vielleicht erst einmal eine Tasse Kaffee an und verbindet das mit beziehungsorientierten Worten, die er entspannt ausschwingen lässt: »Möchten Sie erst einmal in Ruhe ankommen? Darf ich Ihnen einen Kaffee anbieten?« An der Reaktion des anderen kann er nun ablesen, ob der andere ein Beziehungsmensch ist oder nicht. Wird der andere schon leicht nervös, bevor unser Gastgeber den Satz zu Ende gesprochen hat, dann weiß er, dass es sich um einen leistungsorientierten Menschen handelt, der schon bei dem Gedanken an »in Ruhe ankommen« nervös und ungeduldig wird. Das Radar meldet dann: Keine Ähnlichkeit.

Dieser innere Prozess verläuft bei allen Persönlichkeitstypen gleich. Nur der konkrete Wahrnehmungsfilter variiert typbedingt. Wenn Sie das Radar eines Beziehungsorientierten passieren möchten, dann antworten Sie typgerecht in gedrosseltem Tempo: »Das ist aber nett von Ihnen. Vielen Dank. Eine Tasse Kaffee nehme ich gerne.« Ein Machtorientierter würde Ihnen nie auf diese

Weise eine Tasse Kaffee anbieten. Er würde so etwas sagen wie: »Kaffee steht da. Nimm dir selbst.«

Wie zeigt nun unser neuer Mieter dem Hausmeister, dass er aus gleichem Holz geschnitzt ist, nicht umfällt und halbwegs ähnlich ist? In unserem Originalfall sah das so aus. Der Mieter grunzte zurück und sagte mit einer ausladenden Bewegung: »Ich sehe Sie haben hier ein großes Territorium.«

Das ist ein »Ich-sehe-Dich-Satz« mit einem Ähnlichkeits-Signal. Jetzt passiert etwas ganz Wunderbares. Immer wenn Menschen einen echten »Ich-sehe-Dich-Satz« hören, gibt es eine freudige Reaktion im Gehirn. Der Mensch fühlt sich wahrgenommen. Das Gehirn reagiert dann immer mit einem JA. Immer. So auch unser Hausmeister. Das Ja war kein klar artikuliertes Ja, sondern eher ein gegrunztes Ja. Aber immerhin ein erkennbares positives Resonanzsignal. Der Mieter verstärkte dies mit folgendem Satz: »Und ich sehe, Sie haben alles im Griff.« Jetzt öffnet sich eine Tür im Inneren unseres Hausmeisters und das ist – möglicherweise – der Beginn einer wunderbaren Freundschaft.

Wichtige Regel am Ende: Vermeiden Sie Revierkämpfe mit territorialen Persönlichkeiten. Das stachelt deren Selbstwert an und wenn der Kampf um ein Revier zu einem Kampf um die Ehre wird, dann wird dieser Kampf unerbittlich und endet im Desaster für alle. Der passende Satz lautet: Die Welt ist groß genug für uns beide. Halten Sie also immer Ehre und Würde hoch. Das gilt natürlich für alle Persönlichkeitstypen. Manchmal übersehen wir das oder fädeln uns falsch in das Gespräch ein. Bei anderen Persönlichkeitstypen sind die Folgen nur nicht so gravierend.

Warum gibt es diese Fehleinschätzung überhaupt? Der Grund dafür liegt in folgendem Phänomen. Wir haben bisher die wohlverstandenen Komfortzonen der unterschiedlichen Persönlichkeiten betrachtet. Wenn andere Persönlichkeiten als der Territoriale, also Beziehungs-, Ordnungs-, Leistungsmenschen und Innovatoren, in Stress geraten und aus ihrer Komfortzone herausfallen, nimmt deren Beziehungsmotivation ab und Dominanzverhalten zu. Auch ein Beziehungsmensch grenzt sich dann ab. Ein Ordnungsmensch wird spitz und genau. Ein Leistungsmensch wird schneller und drängender. Alle verhalten sich plötzlich für ihre Verhältnisse grob, unhöflich und abgrenzend. Damit verwischen die Grenzen zwischen einem authentisch territorialen Menschen und den anderen Persönlichkeiten im Konflikt und unter Stress. Ein außenstehender Beobachter kann nicht mehr genau zwischen Komfort- und Konfliktzone unterscheiden. In dieser Unschärfe geht der klare Blick für den Territorialen unter. Sein authentisches Verhalten wird irrtümlich als Stressverhalten gedeutet. Hier nehmen die Fehleinschätzungen ihren Lauf.

Machtmenschen sind die besseren Führungspersönlichkeiten

Machtmenschen übernehmen gern die Führung. Das heißt aber nicht, dass sie bessere Führer sind als andere oder dass jemand, der Führung anstrebt, zwingend ein Machtmensch sein müsste. Die Persönlichkeitsausprägungen bestimmen die jeweilige Wahrnehmung des Menschen und seine Verhaltenspräferenzen. Sie sagen jedoch nichts über die Qualität seiner Kompetenzen aus. Typus und Kompetenzen sind unterschiedliche Kategorien. Zugegeben, ein Innovator wird kaum Buchhalter werden wollen. Aber er könnte es. Ein Ordnungsmensch wird kaum Chef eines Call-Centers werden wollen. Aber er könnte es. Ein Beziehungsmensch wird kaum Chef einer Gewerkschaft werden wollen. Aber er könnte es. Ein Machtmensch glaubt, dass er ein guter Führer sein könnte. Das könnte er auch. Wie jeder andere auch. Es gibt weder einen bestimmten Persönlichkeitstypus noch eine Kombination von Persönlichkeitsanteilen, der wir von vornherein eine positive Prognose für die Erfüllung von Führungsaufgaben erstellen können. Führen bedeutet Beziehungen und Vertrauen aufzubauen, Kooperation im Team herzustellen, gemeinsame Lösungs- und Entscheidungsprozesse zu etablieren, ein Team durch seine Entwicklungsphasen zu begleiten, das Team notfalls auch zu schützen und schließlich Ergebnisse zu liefern. Dazu benötigt eine gute Führungskraft Kompetenzen, die in Bezug zu allen Persönlichkeitsanteilen stehen. Wer nur einseitig ausgeprägt ist, wird das insgesamt nicht leisten können, egal welcher Basis-Typ er ist. Dies gilt genauso für einen territorialen Menschen. Territoriale Menschen bewähren sich manchmal besonders in Krisen. Sie diskutieren dann nicht lange, übernehmen die Führung, entscheiden schnell. In Krisen ist dieses Verhalten manchmal notwendig. Wenn die Krise aber vorüber ist, bleiben machtorientierte Persönlichkeiten in ihrem Verhaltensmuster stecken und können sich der neuen Ausgangslage nicht anpassen. Sie verhalten sich, als würde die Krise fortdauern. Für sie ist immer Krise. Dadurch kann sich ein Team aber nicht neu ordnen und zu einem gemeinsamen Denken,

Entscheiden und Handeln zurückfinden. Am Ende führt dies zu einem Zusammenbruch der Kooperation.

Nun könnten Sie einwenden, dass Machtmenschen besonders häufig in oberen Führungspositionen zu finden sind und dies wohl etwas mit deren Kompetenzen zu tun haben müsste. Das könnte natürlich sein. Es gibt hier aber einen zusätzlichen Aspekt, eine spezielle Interaktionsdynamik. Machtorientierte Personen sind tatsächlich häufig in oberen Führungspositionen, insbesondere in sich selbstorganisierenden Systemen wie politischen Parteien, Kirchen, Gewerkschaften und Betriebsräten. In solchen Systemen wählt nicht ein professionelles Gremium die Führungskräfte aus, sondern es gibt einen internen Wettkampf um die besten Plätze. Dies erzeugt ein Führungsvakuum.

Verhalten im Vakuum

Im Vakuum verhält sich jeder Persönlichkeitstypus unterschiedlich. Ein Beziehungsmensch schaut sich erst einmal um und prüft, ob auch andere die besten Plätze einnehmen möchten. Ein Ordnungsmensch denkt: »Wie unorganisiert, dass hier jetzt jeder seine eigenen Interessen verfolgt«, und wartet ab. Ein Leistungsmensch setzt sich Ziele und fängt an, diese zu kommunizieren. Ein Innovator ruft neue Ideen in den Raum. Und der Machtmensch? Er redet nicht, er wartet nicht, er besetzt den Raum einfach. Sofort. Während die anderen sich noch umschauen, nachdenken oder Ziele und Ideen entwickeln, hat er den Raum schon besetzt. Clever wie er ist, hat er sich dafür bereits im Vorfeld eine Entourage aus Verbündeten geschaffen, die ihm nun den Rücken stärkt. Jetzt müssten die anderen Kandidaten selbst den Raum betreten und ihn für sich beanspruchen. Gegen den Machtmenschen. Das kostet zusätzlich Energie, zusätzlich Mut und eine Extraportion Kampfgeist. Beziehungsmenschen ziehen sich eher zurück, als zu kämpfen. Ordnungsmenschen mögen vielleicht einen Vorstoß mit der Waffe der Argumente unternehmen. Wenn sie nicht gehört werden, wiederholen sie diese Argumente mit anderen Worten und vielleicht etwas lauter. Wenn sie dann wieder nicht gehört werden, ziehen sie sich zurück, sind beleidigt und werden zu kritischen Beobachtern. Leistungsmenschen geht es nicht anders. Sie werden aber vom Machtmenschen als nützlich wahrgenommen und deshalb von diesem eher umworben und zu dessen eigenem Nutzen eingesetzt. Innovatoren werden oft zu Hofnarren. Machtmenschen sind nicht nur oft in höheren Führungspositionen, weil sie die größere Kompetenz haben, sondern auch weil alle anderen früher oder später vor ihnen ausgewichen sind oder kapituliert haben. Machtmenschen können gute Führungskräfte sein. Nur gibt es keinen Automatismus.

Haben Machtmenschen auch eine **Vertrauens-strategie**? Natürlich. Sie vertrauen Menschen, wenn sie standhaft sind, wenn sie ihre Reviere verlässlich abgesteckt und mit ihnen sichere Bündnisse geschlossen haben. Wenn es eine große Sache gibt, an der sie gemeinsam arbeiten können. Viele Menschen werden das wohl nicht sein, die das Vertrauen eines Machtmenschen gewonnen haben, aber es gibt sie.

Einige dieser Anmerkungen waren durchaus kritisch. Das ist unvermeidlich. Das weiß der Machtmensch auch. Jemand, der sich territorial ausdehnen kann, der Grenzen ziehen und auch erweitern kann, der Standhaftigkeit schätzt, ist normalerweise nicht übermäßig sensibel in Bezug auf die Gefühle und inneren Prozesse anderer Menschen. Diese etwas eingeschränkte Empathie ist kein Symptom, sondern ein den Typus konstituierendes Merkmal. Empathie ist für die eigene Selbstreflexion notwendig. So fällt die Selbstreflexion bei einem Machtmenschen etwas eigenwillig aus. Jeder Typus sagt von sich selbst, dass er so einzig richtig ist. Bei territorialen Menschen kommt hinzu, dass sie diejenigen, die vor ihnen ausweichen, erschrecken oder umfallen, abwerten und aussortieren. Dies geschieht mit dem inneren oder – manchmal auch laut geäußerten – Kommentar: »Wer umfällt ist zu schwach. Er ist selbst schuld, wenn er sich nicht durchsetzen kann.« Dadurch wird die Interaktion mit anderen besonders erschwert. Kooperation ist nur unter besonderen Bedingungen möglich. Teile und Herrsche. Caesar, Pompeius und Crassus. Das erste Triumvirat, 60 v. Chr. Diese drei Männer hatten die Welt unter sich aufgeteilt, sich gleichzeitig misstraut und aus diesem Grund ein fein austariertes Gleichgewicht der Macht hergestellt, bei dem jeder jeden kontrollierte. Das politische System der USA mit seinen sogenannten »Checks and Balances« ist ein Echo dieser römischen Machtorientierung und somit ein erstaunlich aktuelles Beispiel.

Dies alles ist nicht kritisch gemeint, sondern soll im Gegenteil voreilige **Entwertungen** vermeiden. Was könnten also die anderen Persönlichkeitstypen über einen territorialen oder machtorientierten Menschen denken?

Beziehung: Er ist viel zu dominant, unpersönlich, kühler Vollstrecker, gefährlich.

Ordnung: Er ist nur an sich selbst und seinem Einfluss interessiert, aber nicht an der Sache, verfügt nicht über Kompetenz im Detail.

Leistung: Handelt viel zu politisch, zu wenig an geradliniger Leistung interessiert, Führungsetagen sind Herrschafts-Clubs von älteren Herren.

Innovation: Der erkennt keine guten Ideen, selbst wenn man sie ihm an die Bürotür heftet.

Es ist ratsam, nicht bei oberflächlichen Betrachtungen dieses Typus zu bleiben. Dann entdeckt man **die Vorderseite der Medaille territorialer Menschen,** die leuchtende Seite der Macht.

- Das Große und Ganze sehen
- Visionen umsetzen
- Herausforderungen annehmen
- Einfluss nehmen
- Wachstum ermöglichen
- Sicherheit geben
- Delegieren können
- Allianzen nutzen
- Verantwortung übernehmen.

Die Rückseite,
die etwas schattige Seite der Macht.

- Territorien markieren
- Andere ausgrenzen
- Druck ausüben
- Andere auf Ebenbürtigkeit testen
- Kontrolle ausüben
- Politisch manövrieren

- Empathie vermeiden
- Auf Sieg oder Niederlage gehen.

Bedürfnisse: Einfluss, Kontrolle, Herrschaft, Bedeutung.

Befürchtungen: Kontrollverlust und Bedeutungslosigkeit.

Scan und Ähnlichkeit: Wenn Sie von nun an einem territorialen Menschen begegnen, wissen Sie ziemlich genau, wie er Sie scannt. Er wird prüfen, ob Sie umfallen oder stehen bleiben, ob Sie aus gleichem Holz geschnitzt oder ein Weichei sind.

Das klingt zwar plausibel, aber es bleibt die Frage für alle nicht-territorialen Menschen: wie stelle ich Ähnlichkeit her, ohne mich zu verbiegen und ohne mich hierbei in einen Revierkampf zu verstricken? Folgendes Bild soll das veranschaulichen. Stellen Sie sich einen Boxring vor. Drinnen steht der Machtmensch und Sie stehen draußen. Was passiert jetzt im Inneren des Machtmenschen? Er schaut Sie an und denkt: »Na, komm doch rein, wenn du was willst.«

REIN

Also müssen Sie rein in den Ring. Das kostet Mut, aber es ist ja noch nichts passiert. Jetzt stehen Sie da. Was denkt der Machtmensch jetzt? Er denkt: »Guck mal an, der Kleine. Na, dann komm doch mal näher ran.«

RAN

Der Machtmensch ist erst einmal überrascht und beeindruckt, dass Sie den Mut haben, in den Ring zu steigen. Doch seien Sie nicht zu optimistisch. Noch haben Sie hier nichts gewonnen. Er wird jetzt neugierig. Er will sehen, wie weit Sie sich vorwagen. Sie müssen also in seine Reichweite kommen, Auge in Auge. Die Spannung steigt. Sie dürfen nicht wackeln, nicht schwanken, nicht nervös werden, sich nicht verteidigen, nicht in Deckung gehen oder sonst ein unsicheres Verhalten zeigen. Positiv gesagt, Sie bleiben einfach stabil stehen und sind präsent. Ihre Botschaft ist: Dieser Ring ist groß genug für uns beide.

RAUS

Weiterhin bildlich gesprochen gehen Sie nach diesem Manöver wieder heraus aus dem Boxring. Ihre Botschaft ist: »Mir geht es nicht um einen Kampf, sondern um etwas Gemeinsames. Von uns beiden. Etwas Großes. Also? Machst du mit?«

Doch auch jetzt sollten Sie noch nicht zu optimistisch werden. Auch jetzt haben Sie noch nicht gewonnen. Was Sie gewonnen haben, ist eine Eintrittskarte in die Welt des anderen. Darin dürfen Sie sich jetzt umsehen. Und wenn Sie aus der Sicht des Machtmenschen tatsächlich etwas Nützliches und Großes beitragen können, dürfen Sie auch bleiben. Für eine Weile zumindest. Der Umgang mit territorialen Menschen oder Machtmenschen ist nicht einfach. Gelingt es Ihnen jedoch, Zugang zu finden und Respekt zu gewinnen, dann ist es sehr lohnend. Sie werden dann gemeinsam auf Eroberungstour gehen und die Welt gemeinsam gestalten. Natürlich im großen Stil.

Die Sicht des anderen einnehmen – Die inneren Prozesse des anderen begleiten

Wir denken Kommunikation und Interaktion mit Menschen immer vom anderen her. Bewusstes Interagieren bedeutet, dass wir den inneren Prozess des anderen lesen, verstehen und diesen inneren Prozess begleiten und mitgestalten.

Dies ist ein wichtiger Schritt. Wir überwinden unseren Ich-Bezug und versuchen in jeder Interaktion die Sicht- und Erlebensweisen des Gegenübers zu verstehen. Wir senden die Signale: »Ich sehe Dich« und »Erst Du, dann ich«.

Bewusstes Interagieren bedeutet, den inneren Prozess unseres Gegenübers zu erkennen, einzuordnen und mitgestaltend zu begleiten.

Hierin liegt das Geheimnis für einen art- und typgerechten Umgang mit Menschen. »Aus der Sicht des anderen denken« ist eine besondere Form des »Ich-sehe-dich«. Sie nehmen sich bewusst etwas zurück und geben dem anderen Raum und Vorrang. Dadurch gelangen Sie durch dessen Scan, ermöglichen eine vorbehaltlose Begegnung, stellen eine Verbindung her und ziehen eine Eintrittskarte für die bevorzugten Plätze in der Welt des anderen. Jetzt gewährt der andere auch Ihnen Raum und Vorrang. So entsteht Kooperation. Unser Bild von der Vorfahrt an der Rechts-vor-links-Kreuzung erhält eine neue Bedeutung: Wer zuerst winkt, schafft Räume für die gemeinsame Entfaltung von Potentialen.

Carl R. Rogers war vermutlich der erste, der diese Art der Kommunikation in seinem berühmten Artikel »Barriers and Gateways to Communication«, HBR

July – August 1952, vorstellte. Gleichwohl ist dieser Gedanke wieder in Vergessenheit geraten. Er ist immer noch aktuell und fast wie neu.

»Neu« ist das Stichwort für Innovatoren, dem fünften Persönlichkeitstypus, dem wir uns jetzt zuwenden.

Innovation
Neues, Freiheit, Einzigartigkeit, Ideenreichtum, Veränderungen.

Für Innovatoren ist wichtig, die Welt zu entdecken und Neues zu erleben. Veränderungen werden nicht nur als Chancen erlebt, sondern als Lebenselixier. Hindernisse sind keine Herausforderungen, sondern elementare Bestandteile der Topographie der Lebenswelt innovationsorientierter Menschen. Folglich verstehen sie nicht, dass andere Menschen vor Veränderungen ausweichen oder sogar Angst haben können. Innovative brauchen Abwechslung und ständige Erweiterungen ihrer Denkgrenzen. Sie sind vielseitig und schillernd. Freiheit ist für sie ein hoher Wert. Darin liegt die wesentliche Quelle ihrer persönlichen Motivation und ihres Selbstwertes. Bei der Betrachtung und Einschätzung von Situationen sehen sie vorrangig die Fülle der Möglichkeiten und weniger die Risiken. Einzigartigkeit im Denken, Handeln und Fühlen auszudrücken und zu erleben, ist für sie wichtig. Kreativität und Weiterentwicklung sind weitere hohe Werte. Gleichzeitig können sie Altes schnell und bedenkenlos aufgeben. Aus diesem Grund gehören sie in die Klasse der sogenannten Innovatoren und frühen Adopter [8]. Dies sind Menschen, die in Veränderungsprozessen als erste die Neuerungen annehmen und ausprobieren.

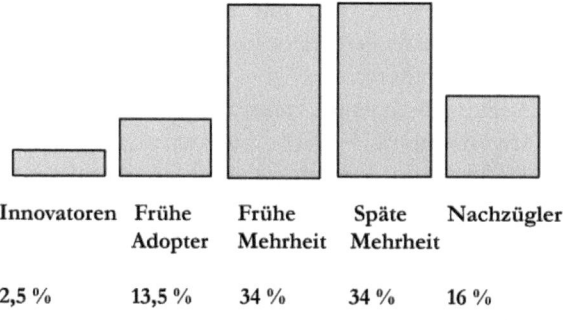

Innovatoren	Frühe Adopter	Frühe Mehrheit	Späte Mehrheit	Nachzügler
2,5 %	13,5 %	34 %	34 %	16 %

Auf Menschen mit Ordnungs- oder Beziehungsorientierung, die Gewachsenes und Bewährtes hoch einschätzen, wirken Innovatoren eher leichtfertig, unbeständig, wenig greifbar und wenig pragmatisch. Innovationsorientierten Ingenieuren am Ende eines Projekts die sorgfältige Projektdokumentation als Aufgabe zu übertragen, könnte ein schwieriges Unterfangen werden. Vermutlich werden diese schon längst an ein oder zwei neuen Projekten arbeiten. Vielleicht sogar, ohne dass ihr Chef das weiß.

Innovatoren **vertrauen** allen Menschen, die für sie interessant sind. Und das sind natürlich Menschen, die ähnlich sind, die also etwas Neues oder Einzigartiges mitbringen. Sie schenken auch ordnungs- und beziehungsorientierten Menschen einen Vertrauensvorschuss, weil sie wissen, dass diese Personen grundsätzlich verlässlich und damit in den Augen eines Innovators stabil und vertrauenswürdig sind. Sie finden sie aber eher uninteressant und werden sich deshalb nicht besonders um sie bemühen. Ist Ihr Ziel, das Vertrauen von Innovatoren zu gewinnen, dann zeigen Sie Ihre Einzigartigkeit und bringen Sie etwas spannendes Neues mit. Auf alle Fälle sollten Sie sich mit ihnen über ihre Ideen austauschen. Stellen Sie sie in den Mittelpunkt. Lassen Sie sich inspirieren.

Leider erleben auch Innovatoren manchmal **Entwertungen.** Was könnten also andere Persönlichkeitstypen über einen Innovator denken?

Beziehung: Er ist nett und kreativ, aber sehr unbeständig.

Ordnung: Er ist chaotisch, zu wenig strukturiert und hat vor allem keinen Respekt vor dem Bewährten.

Leistung: Der ist interessant, eigentlich cool, aber manchmal zu wenig realistisch. Es muss am Ende ja schließlich etwas dabei herauskommen.

Macht und Territorium: Hin und wieder nützlich, wenn man ihn richtig führt. Mal im Auge behalten.

Auch hier gilt wieder: Wer diese voreiligen Entwertungen hinter sich lässt, entdeckt

**die Vorderseite der Medaille
innovationsorientierter Menschen**

- Neugierig
- Einzigartig
- Visionär
- Vordenker
- Pionier
- Grenzen überschreitend
- Kreativ
- Optimistisch
- Vielseitig
- Inspirierend

- Unabhängig
- Freigeist
- Positiv.

und die Rückseite

- Unangepasst
- Autonom
- Ungenau
- Unorganisiert
- Chaotisch
- Einzelgänger
- Unvorsichtig
- Uninteressiert an Bewährtem
- Widerstand an Grenzen
- Freiheitsdrang.

Bedürfnisse: Freiheit, große neue Denk- und Erlebensräume.

Befürchtungen: Zwang und Begrenzungen.

Scan und Ähnlichkeit: Sollten Sie einem Innovator begegnen, wissen Sie, wie er Sie scannt und wonach er sucht. Er wird prüfen, ob Sie interessant und inspirierend sind. Wenn Sie ihm erzählen, dass Sie seit 20 Jahren an den gleichen Urlaubsort fahren, wird das Gespräch nicht sehr lange dauern.

06
Potentialentfaltung durch kooperative Vielfalt

Sie haben jetzt einen ersten Eindruck der fünf
grundlegenden Persönlichkeitsstrukturen des
Menschen gewonnen. Sie kennen somit den Schlüssel
für erfolgreiches und wirkungsvolles Kommunizieren
und Interagieren. Dieser Schlüssel lautet:

1. Sie kennen grundsätzlich die inneren
   Persönlichkeitsdynamiken von Menschen.
2. Sie haben Ihre eigene Persönlichkeitsdynamik
   analysiert.
3. Sie können andere Menschen auf dieser Grundlage
   lesen und einschätzen.
4. Sie können mit jedem – noch so unterschiedlichen
   – Persönlichkeitstyp „artgerecht" kommunizieren
   und kooperieren.

Kooperation unterschiedlicher Menschen ist ein
Leitgedanke des Neurowissenschaftlers Professor
Gerald Hüther. In seinem Buch »Etwas mehr Hirn,
bitte« [1] beschreibt er Wege zu gemeinsamem
Handeln und vermittelt dabei folgende
grundlegenden Erkenntnisse:
Unser Gehirn dient mit all seinen neuronalen
Prozessen dazu, unsere Potentiale zu entfalten. Das
klingt erst einmal beruhigend. Es ist jedoch der
Einstieg in die Welt der Widersprüche,
Spannungsfelder und Weggabelungen. Kein Gehirn
arbeitet allein. Es ist ständig mit anderen Gehirnen
verbunden, die untereinander wechselwirken. Kein
lebendes System existiert für sich allein. Es ist immer
mit anderen Lebensformen verbunden und kann nur
inmitten von anderen leben und sich weiter-

entwickeln. Die Folge ist: Niemand kann seine Potentiale allein entfalten. Jeder Mensch braucht dazu immer die Beziehung zu anderen [Hüther, Seite 145].

Potentialentfaltung entsteht nicht durch Wettbewerb. Wettbewerb führt zu Spezialisierung und verbesserter Nutzung vorhandener Ressourcen [Hüther, Seite 67]. Etwas wirklich Neues kann so nicht entstehen. Potentialentfaltung wird erst durch Kooperation möglich, insbesondere mit vielfältigen Beteiligten. Hüther sagt das so: »Die einzige Strategie, die eine fortwährende, ungehinderte und ungestörte Entfaltung der in einem lebenden System angelegten Potentiale ermöglicht, ist die ständige Abstimmung und Rejustierung der innerhalb eines lebenden Systems etablierten Beziehungsmuster an die Erfordernisse, die sich aus einer möglichst engen und möglichst vielfältigen Beziehung der betreffenden Lebensform mit möglichst vielen und möglichst verschiedenartigen anderen Lebensformen ergeben« [Hüther, Seite 79].

Der Erfolg des Menschen liegt also in seiner kollektiven Vielfalt. Diese wird unter anderem durch die bisher einzeln beschriebenen fünf Persönlichkeitstypen konstituiert. Die Einzelbetrachtung bildet die *erste Stufe* der kollektiven Vielfalt. Auf der *zweiten* Stufe stellen wir fest, dass Menschen selten über nur einen einzigen ausgeprägten Typus verfügen. Sie verfügen immer über Kombinationen. Die zahlreichen Kombinationsmöglichkeiten dieser fünf Grundstrukturen führen zu kollektiver Vielfalt menschlicher Potentialentfaltung. Hier finden wir den tiefen Grund für artgerechten Umgang mit Menschen und deren Erfolgsgeheimnis als Spezies. Es gibt zwei Erscheinungsformen: extern und intern.

EXTERN – Zum Beispiel: Ein Beziehungsmensch lebt mit einem Ordnungsmenschen zusammen. In einem solchen Szenario gibt es sowohl Synergien und Möglichkeiten für die Entfaltung der gemeinsamen Potentiale, als auch Widersprüche und Spannungen. Der Beziehungsmensch möchte dem anderen ständig nahe sein. Der Ordnungsmensch möchte sich auch mal zurückziehen dürfen. Der Ordnungsmensch achtet darauf, dass alle Gegenstände immer an ihrem Platz und leicht zu finden sind, CDs befinden sich alle in ihren richtigen Hüllen. Der Beziehungsmensch hat es gerne gemütlich, da liegen auch schon mal Socken und Lesebrillen um den Wohnzimmersessel verteilt herum. Es kann auch vorkommen, dass manche CD-Hüllen leer sind. Das kann zu Spannungen führen. Über die möglichen Synergien sprechen wir gleich.

INTERN – Es gibt ebenso Kombinationen von Persönlichkeitsanteilen innerhalb einzelner Individuen. Ein Beziehungsmensch könnte zum Beispiel auch einen starken Ordnungsanteil in sich haben. Die möglichen Synergien, aber auch die möglichen Widersprüche und Spannungen, die zwischen einzelnen unterschiedlichen Menschen extern auftreten können, treten nun in einer einzelnen Person innerlich auf.

Beide Erscheinungsformen führen zu ähnlichen Synergien und Spannungen. Wir schauen zuerst auf die internen Dynamiken von Menschen mit mehreren Persönlichkeitsanteilen. Menschen verfügen nur selten über einen einzigen ausgeprägten Persönlichkeitsanteil. Am häufigsten ist eine Kombination aus zwei Anteilen. Hierbei zeigt sich in der Regel ein primärer und ein sekundärer Anteil. Die Gewichtung verschiedener Anteile bildet die *dritte*

Stufe der Vielfalt. Zwei Anteile können auf drei verschiedene Weisen gewichtet sein.

Nehmen wir Ordnung und Beziehung als Beispiel:

- Beide Anteile sind gleich ausgeprägt
- Ordnung ist primärer Anteil, Beziehung ist sekundärer Anteil
- Beziehung ist primärer Anteil, Ordnung ist sekundärer Anteil.

Jede dieser drei Ausprägungen verfügt über etwas unterschiedliche Wahrnehmungs- und Erlebenspräferenzen. An dieser Stelle beginnt der Mensch seine über die Gestaltstruktur hinausgehende Individualität zu entfalten.

Die Häufigkeit der verschiedenen Kombinationsmöglichkeiten folgt dem Verhältnis von Ähnlichkeiten und Gegensätzlichkeiten der verschiedenen Anteile innerhalb einer Person. Das klingt etwas kompliziert und braucht ein erklärendes Beispiel. Am häufigsten ist die Kombination von Beziehung und Ordnung.

Beziehung und Ordnung

Auf den ersten Blick würden möglicherweise zuerst Unterschiede und Gegensätzlichkeiten auffallen. Beziehungsmenschen sind eher emotional, herzlich und zugewandt. Ordnungsmenschen sind dagegen eher sachlich, reserviert und autonom. Das sind tatsächlich bedeutende Unterschiede. Gleichzeitig haben beide etwas grundlegend Gemeinsames und das ist die Orientierung in der Zeit.

Würden Sie Beziehungs- und Ordnungsmenschen bitten, auf ihr Leben zu schauen, dann blicken sie zuerst in die Vergangenheit. Warum ist das so? Sowohl die Entwicklung von Beziehungen, als auch der Aufbau von ordnenden Strukturen dauert Zeit. Die vergangene Zeit hat also in beiden Fällen eine grundlegende, den Selbstwert begründende Bedeutung. Der Blick zurück macht das sichtbar. Der Blick zurück schafft Sinn und Wert für die Gegenwart. Diese Bewertung der Bedeutung des Vergangenen haben beide Persönlichkeiten gemeinsam. Dies verbindet sie. Dies wirkt stärker als die Unterschiede. Das Zeiterleben wirkt im übertragenen Sinn wie eine Anziehungskraft. Deshalb ist diese Kombination in einzelnen Personen am häufigsten. Würden Sie hingegen Beziehungs- und Ordnungsmenschen fragen, wie sie ihre Zukunft sehen, dann würden diese wahrscheinlich mit den Schultern zucken und sagen: »Das weiß ich nicht, ich bin doch kein Hellseher.« Im Gegenteil, der Blick in die Zukunft ist für Menschen mit dieser Ausprägung eher nebulös und manchmal auch mit Unsicherheiten und Befürchtungen besetzt. Würden Sie im Gegensatz dazu einen Leistungsmenschen bitten, auf sein Leben zu schauen, dann wird er eher nach vorne in die Zukunft schauen und sagen: »Ich sehe viele Ziele vor mir, ich will noch einiges erreichen in meinem Leben.« Er ist also eher zukunftsorientiert. Würden Sie ihn nach seiner Vergangenheit befragen, würde er sich wahrscheinlich kurz umdrehen, seinerseits mit den Schultern zucken und sagen: »War schon okay, ist aber vergangen. Was soll's? Mich interessiert die Zukunft viel mehr.«

Aus diesem Grund werden möglicherweise leistungsorientierte Persönlichkeiten für Führungsrollen in Organisationen bevorzugt. Es kommt dann manchmal zu der kuriosen Situation, dass sich diese neuen Führungskräfte [Leistung] vor ihre Belegschaft [Beziehung und Ordnung] stellen und ihnen eine »gute Nachricht« mit den Worten vermitteln wollen: »Wir machen jetzt mal einen Strich. Alles was bis gestern war, vergessen wir jetzt. Ab heute schauen wir nur noch nach vorne.« Für leistungs- und zukunftsorientierte Menschen ist das tatsächlich eine gute Nachricht. Beziehungs-, ordnungs- und damit eher vergangenheitsorientierte Menschen erleben diese Ansprache als Missachtung, Entwertung und Entwürdigung. Sie fühlen sich verletzt und reagieren sofort mit Widerstand. Diese vergangenheitsmotivierte Orientierung in der Zeit wird manchmal – insbesondere von leistungsorientierten Persönlichkeiten – abwertend betrachtet. Sie ist aber ein konstituierendes Element des Ordnungs- und Beziehungsmenschen und damit ein wichtiger Pfeiler seines Selbstwertes und seiner Würde. Werfen wir nun einen genaueren Blick auf die Kombination von Beziehung und Ordnung in einer einzelnen Person. Wie fühlt sich das an? Was bewirkt diese Dualität im Inneren der Person? Widersprüche und Spannungen, die extern zwischen unterschiedlichen Menschen wirken würden, wirken in gleicher Weise im Inneren einzelner Personen. Der Ordnungsanteil möchte sich hin und wieder zurückziehen und dann wird sich sein Beziehungsanteil melden und sagen: »Es ist aber nicht nett, dass du jetzt deine Freunde vernachlässigst.« Wenn dieser Mensch unter Freunden ist und sich alle angeregt über ihre Tagesereignisse austauschen, wird der Ordnungsanteil – natürlich mit aller Vorsicht und dem gebührenden Respekt – nach innen flüstern: »Was mache ich hier eigentlich? Das ist doch alles nicht wirklich wichtig«. Dies sind die berühmten inneren Stimmen, die sich mit sich selbst unterhalten. Ein Mensch dieser Struktur könnte ständig hin- und hergerissen sein, das Gefühl haben, nie den einen oder anderen Zustand in vollen Zügen erleben und genießen zu dürfen und dadurch seine innewohnenden Kräfte nicht zur vollen Entfaltung bringen zu können. Ist sich der Mensch aber dieses Spannungsfelds bewusst, kann er beide Anteile miteinander bekannt machen, sie integrieren und aus diesen Widersprüchen und Gegensätzen Synergien schöpfen. Kompetenzmoleküle mit völlig neuen Eigenschaften entstehen. Ordnung kann sich vernetzen. Strukturen können Beziehungen auf neue Weise zur Entfaltung bringen. Hier befindet sich die Quelle der Fülle. Hier beginnen Entfaltung und Wachstum. Im Inneren eines jeden einzelnen nehmen sie ihren Anfang. In Interaktionen mit anderen setzt sich dies fort. Die Kombination dieser beiden Persönlichkeitsanteile ist eher häufiger anzutreffen. Insofern werden solche Menschen öfter andere finden, die ihnen in dieser Hinsicht ähnlich sind. Dies ermöglicht eine solide Kontaktebene, auf der sie ihr Wissen und ihre Erfahrungen einbringen und gemeinsam mit anderen handeln können. Sie verbinden Nähe und Vertrauen mit klugem und verlässlichem Denken und Handeln. Sie sind in der Lage, unterschiedliche Personen an ihren Aktionen zu beteiligen und somit eine größere Basis für einen sachlichen Austausch und für positives und konstruktives Miteinander zu schaffen. Menschen mit anderen Persönlichkeitspräferenzen können auf eine emotional angemessene und gleichzeitig strukturierte Weise einbezogen werden.

Das Bedürfnis nach Nähe und Kontakt ist bei beiden Persönlichkeitsanteilen eher gegensätzlich ausgeprägt. Reinen Beziehungsmenschen und reinen Ordnungsmenschen fällt es nicht so leicht, miteinander in Kontakt zu kommen und ein Vertrauensverhältnis aufzubauen. Kombinationsmenschen hingegen verfügen über beide Anteile in ihrer Persönlichkeit. Dies führt zu einem inneren Spannungsbogen, der sich zwischen dem Bedürfnis nach emotionaler Verbundenheit des Beziehungstyps und der autonomen Sachorientierung des Ordnungstyps erstreckt. Die Integration dieser beiden Gegenpole bringt das jeweils Beste im anderen Typus hervor. Der Ordnungsanteil kann sich mehr nach außen wenden und dadurch einen extern-reflexiven Gedankenaustausch herstellen, der sein Wissen und seine Erfahrungen vertieft. Dadurch verliert der Ordnungsanteil auch etwas von seiner Introversion und sozialen Distanz, wird sichtbarer und gestalterischer. Der Beziehungsanteil gewinnt neben der emotionalen Vertrauensgrundlage auch eine sachlich-strukturelle Ebene, die es ihm erlaubt, gerade in Auseinandersetzungen eine stabilere Position einzunehmen und nicht zu früh in ungünstige Kompromisse auszuweichen. Die Kombination von Beziehung und Ordnung erfüllt das für viele Menschen wichtige Bedürfnis nach Herzlichkeit, Sicherheit und sachlich-fundierter Orientierung.

Beziehung und Leistung

Diese Kombination weist größere Unterschiede zwischen den beiden Hauptpräferenzen auf. Während sich der Beziehungsanteil gern Zeit für einen persönlichen Austausch mit anderen nimmt, wird der

Leistungsanteil schnell ungeduldig, weil er auf der Sachebene etwas erreichen möchte. Bleibt dies unbewusst, fühlt sich der Mensch innerlich zwischen diesen beiden Polen hin- und hergerissen. Reflektiert der Mensch dies aber bewusst, kann er beide Anteile miteinander bekannt machen und eine neue Freundschaft stiften. Beide Anteile haben etwas gemeinsam. Sie suchen tief im Inneren nach Anerkennung und sicherer Zugehörigkeit. Gleichzeitig benötigen sie dringend einige Eigenschaften des anderen. Aufgrund seines hohen Tempos, seiner Ungeduld und seiner manchmal tunnelartigen Fokussierung verliert der Leistungsanteil häufig den Kontakt zu anderen. Der Beziehungsanteil bremst sich manchmal zu sehr, um auf andere Rücksicht zu nehmen. Wenn beide Anteile ihre besten Eigenschaften kombinieren, ermöglicht dies die Verbindung von Nähe und persönlicher Vertrauenswürdigkeit mit Klarheit, Prozessorientierung und zügigem Handeln. Wo reine Leistungsorientierung den Zusammenhalt erschwert, können solch integrierte Persönlichkeiten sowohl die emotionale Seite der Menschen ansprechen, als auch das Bedürfnis, etwas zu schaffen. Sie können dadurch das Zusammenwirken aller Beteiligten auch unter Leistungsanforderungen aufrechterhalten und sicherstellen. Nach außen wirken solche Menschen vertrauenswürdig, verlässlich, sachlich klar und fokussiert. Gleichzeitig neigen Menschen dieser Persönlichkeitsstruktur dazu, Mängel in ihrem Umfeld aufzuspüren und auszugleichen. Hier verbinden sich Hilfsbereitschaft und die Haltung »Lieber mache ich es schnell selbst«. In Organisationen führt dies zu Kompensationsverhalten, sogenannten Klammeraffen. Der

Betreffende übernimmt Aufgaben außerhalb seiner vereinbarten Rolle und Funktion, um das System aufrechtzuerhalten. Schlechtes wird durch Bessermachen verdeckt und wird dadurch nicht sichtbar. Eine echte Optimierung des Systems wird verhindert. Mangel und Ausgleichverhalten setzen sich fort. Ein Hamsterrad entsteht.

Ordnung und Leistung

In dieser Konstellation werden die Unterschiede der Hauptpräferenzen zu echten Gegensätzen. Während der Ordnungsanteil eher zu Autonomie und Introversion neigt und besonderen Wert auf das Bewahren von Bewährtem legt, ist der Leistungsanteil eher nach außen gerichtet. Er ist gerne in voller Aktion mit anderen unterwegs, möchte auch mal neue Wege gehen und Altes einfach loslassen. Während der Ordnungsanteil auf Details Wert legt, kommt es dem Leistungsanteil auf schnelle Ergebnisse an. Er kann auch mal alle Fünfe gerade sein lassen. Es gibt dennoch Gemeinsamkeiten: Die hohe Sach- und Zielorientierung und der etwas zurückgenommene Personenbezug.

Was erlebt jemand, der diese beiden Anteile in sich trägt? Jemand, dem dieses Spannungsfeld nicht bewusst ist, könnte denken, mit ihm stimme etwas nicht. Er pendelt zwischen beiden emotional widersprüchlichen Polen und entwickelt Selbstzweifel. Diese Zweifel sind aber unbegründet. Die Kombination ist von der Natur gewollt und hat evolutionären Sinn. Die Kunst ist, aus diesem Spannungsfeld einen Möglichkeitsraum zu schaffen. Wer diese Spannung nicht nur aushält, sondern frohen Herzens bejaht, wird etwas Wunderbares erleben. Er findet eine solide Basis, auf der er sein Wissen, seine Erfahrungen und seinen Sinn für Klarheit und Ergebnisrelevanz einbringen und gemeinsam mit anderen zielorientiert agieren kann. Er verbindet fundiertes Denken mit schnellem Handeln und kann unter wechselnden Anforderungen und in sich verändernden Szenarien sicher und beweglich manövrieren. Der Ordnungsanteil wird sich an den Fahrtwind gewöhnen und der Leistungsanteil kann sich in der Gewissheit, dass alles seine Ordnung hat, dem Flow überlassen. Der Ordnungsanteil kann sein Wissensfundament und seine Urteilsfähigkeit in den Dienst einer klaren Zielfokussierung und schnellen Handlungsfähigkeit stellen. Der Leistungsanteil gewinnt mehr Sachbezug und innere Sammlung. Er wird das Rad nicht mehr überdrehen, sondern in einem angemessenen Tempo ohne Hektik die Zielfahne ins Visier nehmen und ansteuern. Ordnung und Leistung justieren auf diese Weise wechselseitig Reflexionstiefe und Tempo und machen erfolgreiches Handeln zu einer von Intelligenz und Fokussierung getragenen Größe. Somit wird die etwas verminderte Personenorientierung ausgeglichen und ermöglicht, andere, zum Beispiel eher beziehungsorientierte Menschen, auf die Reise mitzunehmen.

Wir hatten festgestellt, dass Unterschiede in menschlichen Erlebensstrukturen einer Kooperation in Vielfalt im Wege stehen, weil Menschen grundsätzlich lieber mit ähnlichen Menschen zusammenarbeiten. An dieser Stelle zeigt sich, dass gerade durch die Integration von scheinbaren Gegensätzen in einer Person zusätzliche innere Verknüpfungspunkte und neue Möglichkeitsräume entstehen. Es addieren sich nicht nur die Elemente der einzelnen Persönlichkeitsanteile, sondern sie formen sich wechselseitig zu neuen Qualitäten.

Dies lässt sich nun auf die Kooperation unterschiedlicher Einzelpersonen übertragen. Unterschiedliche Menschen erzeugen in der Integration ihrer speziellen Ausprägungen neue Qualitäten. In der Kooperation werden Potentiale sichtbar, die über die Addition der vorhandenen Präferenzen hinausgehen. Das zunächst als unangenehm empfundene Spannungsfeld wird zum realen Möglichkeitsraum. Dies ist der Moment, in dem Menschen durch gemeinsames Handeln eine nächsthöhere Qualitätsebene erreichen. Die menschlichen Besonderheiten dürfen sich entfalten, ohne nivelliert oder gleichgemacht zu werden. Jeder kann so bleiben wie er ist. Gleichzeitig bedeutet dieses gemeinsame Erzeugen neuer Möglichkeitsräume auch, dass sich der Einzelne mit seinen ganz individuellen Eigenschaften in den Dienst eines übergeordneten Ganzen stellt. Was jetzt gemeinsam entsteht, gehört allen und alle profitieren gleicher-maßen davon. Es wird überhaupt erst durch den Beitrag aller Beteiligten möglich und kann auch nur aufrechterhalten werden, solange alle beteiligt bleiben. Hierdurch entsteht ein neues Spannungsfeld. Der Einzelne stellt seinen Ich-Bezug zurück und wird Teil eines Kollektivs. Er wird zu einem Individualaspekt eines Gesamtbewusstseins [9]. Es entstehen Emergenzen, die ein Einzelner nicht erzeugen kann. Jetzt können sich Potentiale entfalten, die vorher in den aufgespaltenen Ich-Bezügen verborgen waren. Sich-in-den-Dienst-stellen wird plötzlich nicht mehr als Reduzierung der eigenen Person erlebt, sondern als Teilhabe an etwas, das den individuellen Erlebensraum übersteigt und auch den Einzelnen innerlich bereichert. In diesem neuen Zustand entfaltet sich Wachstum für alle, die daran beteiligt sind und die davon berührt und bewegt werden. Wenn Menschen diese gedankliche und emotionale Hürde erst einmal genommen haben, wird Kooperation leicht; denn je vielfältiger alle sind, desto leichter werden Verknüpfungen möglich. Das sind erstaunliche Zusammenhänge. Die Natur hat sich hierfür einen Nobelpreis verdient.

Wir haben nun die drei häufigsten Persönlichkeitsdynamiken Beziehung, Ordnung und Leistung als Primärpräferenzen und in Zweierkombinationen kennen gelernt. Sie können auch in einer Dreierkombination auftreten. Das ist eher selten und hat aufgrund der höheren Komplexität einige überraschende Auswirkungen auf die Persönlichkeit.

Beziehung – Ordnung – Leistung

Die Vorteile liegen auf der Hand: Verhaltensvariabilität, Kontaktfähigkeit zu unterschiedlichen Persönlichkeitstypen und somit vielfältiger Einsatz in Teams. Diese Menschen bezeichnen wir als flexible Persönlichkeiten. Sie erleben sich als Allrounder. Sie können sich auf unterschiedliche Situationen und Menschen einstellen und verschiedene Positionen einnehmen. Sie können unterschiedliche Denk- und Meinungsperspektiven einnehmen und in einem Team ausgleichend wirken. Sie spielen manchmal den Advocatus Diaboli, das heißt sie nehmen absichtlich eine Gegenposition ein, um kreativen Widerspruch zu provozieren. Diese Dynamik ermöglicht variables Verhalten und ein hohes Maß an positiver Anpassungsfähigkeit. Hierin gründet der Selbstwert flexibler Persönlichkeiten. Gleichzeitig gibt es

irritierende Dynamiken, die manchmal negative
Auswirkungen haben. Irritationen können nicht nur
beim Gegenüber entstehen, sondern sie entstehen
auch in der Person selbst.

Mehrdeutigkeit

Das innere Radar des Menschen sucht nach
Eindeutigkeit im Verhalten des Gegenübers. Kann
das Gehirn den anderen schnell und sicher einordnen,
entsteht ein Gefühl von Klarheit und
Beherrschbarkeit. Das Gehirn entspannt sich. Trifft
jemand aber auf eine mehrdeutige Persönlichkeit,
läuft dessen Radar immer weiter. Es entsteht ein
Gefühl der Unschärfe und der Unsicherheit. Das gilt
auch für die Person selbst. Viele Menschen mit dieser
Persönlichkeitsstruktur teilen mit, dass sie mit sich
selbst unklar und verwirrt sind. In ihnen läuft
dauerhaft ein Selbstradar und es rastet nirgendwo ein.

Unentschiedenheit

Klare und eindeutige Entscheidungen zu treffen, fällt
solchen Menschen schwer. Die Entscheidungs-
optionen werden mit allen drei Persönlichkeitsanteilen durchgespielt und es kommt zu einem
inneren Konflikt. Die Dauer der Denkphasen wird
durch den dreifachen Durchlauf als lang und
widersprüchlich empfunden. Klarheit, Eindeutigkeit
und Entschiedenheit entstehen auf diese Weise nicht.
Es werden eher alle Optionen offengehalten. Im
Hintergrund wirkt das Unbehagen, bei klarer
Entscheidung auf etwas anderes verzichten oder
Beziehungen belasten zu müssen.

Betrachten wir Sebastian. Angenommen er verfügt über diese komplexe Persönlichkeitsstruktur und befindet sich in einem Dilemma. Sebastian hat Betriebswirtschaft studiert und arbeitet momentan im Backwarenbetrieb seiner Eltern als Konditor. Gleichzeitig hat er sich auf eine Stelle als Abteilungsleiter in einem Großbetrieb für Tiefkühlpizza beworben und wurde nun zu einem Gespräch eingeladen. Im Grunde hätte er gerne Kunstgeschichte studiert. Das hat er aber zugunsten seiner Eltern und ihres Betriebs nicht getan, sozusagen aus Vernunftgründen. Seit fast einem Jahr hat er eine Freundin, die eine Galerie für zeitgenössische Kunst eröffnet hat und Sebastian für die Führung der Galerie gerne an ihrer Seite hätte. Denkt Sebastian über diese Situation nach, könnte folgender innerer Dialog zwischen seinen Anteilen Beziehung – Ordnung – Leistung [B-O-L] entstehen:

B: »Das ist echt kompliziert alles.«

O: »Das kommt davon, wenn man zu viel auf einmal will.«

L: »Ist doch aber auch spannend.«

B: »Aber wie sollen wir das entscheiden?«

O: »Nach sachlichen Kriterien.«

L: »Und welche sind das?«

O: »Na das, was am Ende das Einkommen sichert.«

B: »Das tun doch alle drei.«

O: »Aber die Kunst doch nicht.«

B: »Na doch, irgendwie schon.«

O: »Ja, irgendwie, eben.«

L: »Die Galerie ist schon cool. Das wollten wir doch immer.«

B: »Aber die Eltern werden enttäuscht sein.«

L: »Tja, die Eltern. Aber Konditorei? Hat das

Zukunft?«

B: »Kuchen wird immer gegessen.«

O: »Das sind keine Kuchen. Das sind Torten.«

L: »Ist ja gut. Haben Torten denn Zukunft?«

B: »Ich mag Torten.«

L: »Was ist überhaupt mit der Tiefkühl-Pizza?«

O: »TK-Ware gegen Konditorhandwerk? Das ist ja wohl keine ernsthafte Frage.«

L: »Es ist aber eine Führungsarbeit in der Industrie. Das haben wir studiert. Das hat echte Perspektiven für die Zukunft.«

B: »Aber die Eltern?«

O: »Was ist jetzt? Wir müssen eine Entscheidung treffen.«

B-O-L: »Oh Mann, das ist alles so kompliziert.«

Sollte Sebastians Freundin ihn fragen, wie weit er mit seinen Überlegungen gekommen ist, wird er vermutlich so etwas sagen wie: »Ich würde gerne mit dir die Galerie führen, aber es ist alles so schwierig. Die Eltern, die Konditorei, das ist nicht so einfach zu entscheiden.« Ein nicht geschulter Beobachter würde jetzt denken, dass Sebastian entscheidungsschwach ist, nicht weiß was er will, unreif ist, ein Muttersöhnchen eben. Mit all dem würde man ihm nicht gerecht werden. Er ist durchaus eine reife Persönlichkeit. Er verfügt nur über drei stark ausgeprägte Persönlichkeitsanteile, die noch nicht gelernt haben, miteinander zu kooperieren. Würde er seinen inneren Dialog etwas klüger strukturieren, könnte dies zu einem völlig anderen Ergebnis führen.

B: »Ich kann das nicht entscheiden.«

L: »Müssen wir aber. Ich bin für die Galerie.«

O: »Und warum? Was sind deine Kriterien?«

An dieser Stelle findet der gleiche innere Dialog wie oben statt. Sebastian stellt jetzt aber Fragen, die die innere Teambildung fördern.

Sebastian: »Was ist euch wichtig?«

L: »Mir sind interessante Aufgaben wichtig, bei denen man den Erfolg auch sehen kann. Und zwar möglichst direkt und schnell.«

O: »Das geht mir auch so. Die Aufgaben müssen aber sinnvoll sein und auch wertvolle Kompetenzen benötigen.«

B: »Ich möchte, dass niemand enttäuscht ist und alle zustimmen.«

Sebastian: „Welche Stärken seht ihr im anderen?"

B: »O, du bist ein kluger Kopf. Denkst strukturiert und man kann sich auf dich verlassen. L, du bist schnell auf den Punkt und es macht Spaß, mit dir etwas zusammen zu unternehmen.«

L: »Danke, sehr nett. Du – B – bist eben der Freundlichste von uns. Du hältst alles zusammen und bist immer sehr geduldig. Das kann ich nicht so gut. Aber dafür bist du ja da. O, du nervst manchmal mit deiner Genauigkeit, aber am Ende ist das sinnvoll. Du lieferst immer gute Argumente und hast oft auch einen Plan.«

O: »Ich bin genau und du – L – bist schnell. Das empfinde ich als eine intelligente Kombination. B, du kannst etwas, das mir schwerfällt. Du kannst mit anderen emotional besser umgehen als ich.«

Sebastian: „Was ist euer gemeinsames Ziel?"

O: »Ich möchte, dass Sebastian sicher ist, einen Job
macht, der seinen Kompetenzen entspricht und
dabei immer besser werden kann.«

L: »Ich möchte, dass sich Sebastian immer
weiterentwickeln kann und nicht stehen bleibt.«

B: »Ich möchte, dass es ihm gut geht und er
verbunden bleibt mit den Menschen, die ihm
etwas bedeuten.«

Sebastian: „Was ist euer GEMEINSAMES Ziel?"

O: »Ein Job für Sebastian, der seinen
Kompetenzen entspricht und
Entwicklungsmöglichkeiten enthält.«

L: »Okay, einverstanden.«

B: »Ja, okay, aber seine Eltern und seine Freundin
müssen damit auch einverstanden sein.«

Sebastian: »Aber mit dem Ziel bist du einverstanden,
oder?«

B: »Ja.«

Sebastian: »Und welche Kriterien sind für eure
Entscheidung relevant?«

O: »Anspruchsvolle Arbeitsinhalte, gutes
Einkommen, Sicherheit und Perspektiven.«

L: »Ja. Und Spaß.«

B: »Und Zeit für die Familie.«

Sebastian: »Was ist jetzt eure Entscheidung? Eure
»gemeinsame« Entscheidung?«

O: »Konditorei erfüllt die Kriterien nicht. Ich sehe jedenfalls keine Perspektive und keine Entwicklungsmöglichkeiten. Galerie auch nicht. Macht bestimmt Spaß, aber auf Dauer kann Sebastian dort nicht seine Lebensmittel-Kompetenzen einbringen. Und die haben einen hohen Wert.«

L: »Stimmt Konditorei ist nett, aber eine Sackgasse. Galerie ist cool. Aber auf Dauer werden Sebastians Kompetenzen dort verkümmern.«

B: »Stimmt alles. Aber das heißt: Pizza-Fabrik. Damit stößt er ja alle vor den Kopf, Eltern und Freundin.«

O: »Aber er hat geregelte Arbeitszeiten und hat Zeit für beide, ohne dass er mit ihnen zusammenarbeiten muss.«

L: »Stimmt. Mit Familie zusammenarbeiten ist immer riskant.«

B: »Oh weh. Aber ihr habt wohl recht.«

L: »Ich schlage vor, Sebastian führt das Bewerbungsgespräch, sammelt Eindrücke und dann entscheiden wir gemeinsam.«

B: »Gute Idee.«

O: »Einverstanden. Aber er sollte kluge Fragen stellen, damit wir möglichst viele Informationen erhalten.«

In welchem Zustand ist Sebastian danach? Er hat sich seiner eigenen inneren Wirklichkeit gestellt. Das hatte er bisher nicht getan. Vermutlich hat er diese innere Klärung unbewusst vermieden, weil er sich damit dem emotionalen Dilemma entziehen wollte, zwischen seinen Eltern und seiner Freundin entscheiden zu müssen. Es könnte sogar sein, dass er vermeiden wollte, überhaupt eine Entscheidung auf der Grundlage seiner eigenen Interessen und Wünsche zu treffen und sich damit von der Familie abzugrenzen. Das hat er aber nun getan. Er hat damit ein Denkmuster unterbrochen, das lange Bestand hatte. Dies wird mit großer Wahrscheinlichkeit folgendes Empfinden auslösen:

- Überraschung
- Kurzes Gefühl der Befreiung
- Verwirrung
- Unsicherheit
- Schlechtes Gewissen.

Er wird sich fragen: »Darf ich das wirklich?« An dieser Stelle wird die Entscheidung über den eigenen Berufs- und Lebensweg nicht mehr zu einer Frage der Kriterien, Kompetenzen und eigenen Absichten und Wünsche, sondern zu einer Frage der Erlaubnis. Das klingt befremdlich, ist aber ein häufiges Phänomen, wenn Bindungen zu Familienangehörigen eine besondere emotionale Rolle spielen. Befragt er jetzt seine inneren Anteile, werden sie sagen:

O: »Ja. Du darfst. Die Kriterien sind doch klar.«
L: »Na klar. Außerdem ist ja noch nichts
     entschieden. Aber wenn die Pizza-Fabrik cool ist,
     dann machst du das.«
B: »Ja [Seufz] … wir müssen nur einen Weg finden,
     es allen zu erklären.«

Eine Erlaubnis kann sich Sebastian – wie jeder erwachsene Mensch – nur selbst geben. Aber auch wenn ihm das schließlich gelingt, wird er den Verlust der anderen Optionen, den Verlust des Nicht-Gewählten spüren. Das tut weh. Solche Menschen spielen deshalb oft drei Musikinstrumente, aber keines richtig. Um ein Instrument wirklich perfekt beherrschen zu können, müssten sie sich auf dieses eine Instrument fokussieren und vor allem müssten sie die anderen Instrumente zur Seite legen. Dieser Verzicht steht im inneren Widerspruch zum eigenen Vielfältigkeitsbedürfnis und wird als schmerzlich empfunden. Es wäre unachtsam, einem solchen Menschen Entscheidungsschwäche vorzuwerfen. Hier handelt es sich vielmehr um einen inneren Konflikt, der seine Ursachen in der natürlichen Struktur dieser besonderen Persönlichkeit hat. Wie können Sie einem solchen Menschen behilflich sein?

Zwei Wege bieten sich an: Selbstreflexion und Ikebana. Als erstes ist hilfreich, ihm seine besondere Persönlichkeitsstruktur bewusst zu machen. Oft weiß der Mensch selbst nicht was in ihm wirkt. Dann ist er ratlos im Umgang mit sich selbst. Wenn Sie ihm diese Dynamik transparent machen, entsteht eine neue Möglichkeit der Selbstreflexion. Dies allein verändert bereits die innere Lösungssuche und öffnet neue Wege. Zu diesen neuen Wegen gehört ebenso, dass sich die drei unterschiedlichen Persönlichkeitsanteile innerlich begegnen, als wären sie Kollegen eines Teams. Jedes Team-Building beginnt mit dem Kennenlernen. Was ist den einzelnen Kollegen wichtig? Was für Gedanken und Befürchtungen haben sie? Was brauchen sie, um miteinander erfolgreich zusammenarbeiten zu können? Es geht nicht darum, einzelne Anteile zu reduzieren oder gleich zu machen. Jeder Anteil ist in voller Ausprägung willkommen. Ziel ist, einen gemeinsamen

Interaktionsraum herzustellen und alle Ressourcen miteinander zu verknüpfen. Im Fokus stehen immer Kooperation und Entfaltung der innewohnenden Potentiale. Diese Dreierkombination ermöglicht Erstaunliches. Wer über solche Ressourcen verfügt, kann klare Ziele setzen, strukturierte Handlungswege finden und andere freundlich einbeziehen – klar, geordnet und herzlich.

Ein Manager eines Energieversorgungs-unternehmens wurde auf die Position des Geschäftsführers befördert. Er hatte Zweifel, ob er dafür überhaupt geeignet sei. In seiner Wahrnehmung fehlte ihm der territoriale Anteil. Er ging davon aus, diesen Anteil zu benötigen, um als Geschäftsführer erfolgreich wirken zu können. Tatsächlich war er eine flexible Persönlichkeit mit den Anteilen Beziehung, Ordnung und Leistung. Was nun? Nachdem er sich darüber klar wurde, sortierte er seine Aktionen für das erste halbe Jahr in der neuen Rolle entsprechend dieser drei Persönlichkeitsanteile. Er machte sich mit allen wichtigen Mitarbeitern und Kollegen bekannt und entwickelte Schritt für Schritt einen guten, stabilen Kontakt. In kurzer Zeit entstand wechselseitiges Vertrauen. Parallel dazu strukturierte er das Unternehmen im Einvernehmen mit den beteiligten Mitarbeiten und Kollegen um und startete eine Reihe klug ausgewählter Optimierungsprojekte. Dann begann er mit einer etwas deutlicheren Leistungsorientierung, die Projekte „durchzuziehen". Die Zielfahnen flatterten für alle sichtbar am Horizont. Bereits nach etwa 8 Monaten hatte er sich als Geschäftsführer Anerkennung erworben und ehe es jemand bemerkt hatte, befand sich das Unternehmen auf einem neuen Kurs. Unspektakulär, nicht besonders sexy, aber mit großer Wirksamkeit. Klar, strukturiert und mit verbindender Herzlichkeit.

Der zweite Weg ist eine echte Herausforderung. Melden Sie Ihren Menschen für einen Ikebana-Kurs an. Das ist die japanische Kunst des Blumen-arrangierens. Die zur Verfügung stehenden Elemente werden dabei auf das Wesentliche reduziert. Natur wird in den Lebensraum des Menschen gebracht. Gleichzeitig wird die kosmische Ordnung abgebildet, in der sich Mensch und Natur begegnen. Das Ikebana-Gesteck wird zum Träger der Kraft, die den Raum und die Zeit anfüllt. Das gelingt nur, wenn man einzig die geeigneten Blätter, Zweige und Blüten auswählt und auf alles andere verzichtet. Die Kraft dessen, auf das man verzichtet, fließt in das Gewählte.

Ein Ikebana-Lehrer hatte Geburtstag und ein Gast brachte ihm einen Blumenstrauß mit. Er nahm ihn, warf ihn auf den Küchentisch, schnitt ihn auseinander, wählte zwei Blüten und drei Zweige aus und warf den Rest weg. Der Gast war schockiert. Der Gastgeber fügte die ausgewählten Blüten und Zweige zu einem Gesteck zusammen und zeigte es dem Gast mit den Worten: »Was ist kraftvoller? Der Blumenstrauß oder dieses Gesteck?« Jetzt begann der Gast zu verstehen.

Dem Sog der Möglichkeiten und Notwendigkeiten folgen

Bei der Berufswahl stehen flexible Persönlichkeiten vor dem Problem, dass ihnen vieles gefällt und sie sich nicht entscheiden können. Treffen sie nun einen wohlwollenden Mentor, der das Potential dieser Person sieht und ihr einen Vorschlag macht, wird der flexible Persönlichkeitstyp freudig zustimmen. So entsteht oft ein Berufs- und Lebensweg, der dem Sog der Möglichkeiten folgt und nicht dem eigenen Herzschlag. Mit etwas Glück geht das gut, manchmal aber auch nicht. Oft erkennen solche Menschen in der Lebensmitte, dass sie stets externen Referenzen gefolgt sind und eigentlich gar nicht wissen, was sie selbst wollen. Es könnte dann die Gefahr bestehen, dass sie in einer Sackgasse enden.

Weil sie keinen guten Torwart hatte, spielte eine an sich gute Jugendfußballmannschaft eine schlechte Saison. Einer der Stürmer, eine flexible Persönlichkeit und als Stürmer auch erfolgreich, sah das, spürte das Vakuum und die Notwendigkeit, diese Position gut zu besetzen. Niemand wollte ins Tor. Das Vakuum bestand fort und erzeugte einen Sog. Schließlich folgte unser flexibler Stürmer instinktiv diesem seltsamen Sog und wurde Torwart. So verlaufen Karrieren plötzlich in völlig andere Richtungen. Natürlich können auch Torwarte erfolgreiche und glückliche Sportler werden. Dieser wurde es allerdings nicht. Entscheidend ist, den eigenen Herzschlag zu spüren und ihm zu folgen.

Wenn man solch einem Menschen behilflich sein möchte, dann fragt man ihn: »Was möchtest DU?«

Selbstmehrdeutigkeit und Unentschiedenheit führen oft zu Selbstzweifeln. Diese Verhaltens-dynamik ist kein Symptom. Sie ist völlig normal, nur eben nicht so leicht einzuordnen. Für den, der dies erkennt, ist die Kombination dieser drei Persönlichkeitsanteile eine kraftvolle Ressource. Die entscheidende Frage ist: »Was und wohin möchte ich selbst?«

Werfen wir nun noch einen Blick auf die eher seltenen Kombinationen.

Beziehung und Innovation

Menschen dieser Disposition, verbinden die sehr persönlichen Aspekte Nähe und Vertrauen mit einer starken Motivation, Grenzen im Denken zu überschreiten und völliges Neuland zu betreten. Auf der einen Seite suchen sie ein harmonisches Miteinander und bringen sich hilfsbereit und unterstützend in gemeinschaftliche Aktivitäten ein. Auf der anderen Seite möchten sie ihrer Kreativität freien Lauf lassen. Damit bereichern sie die Menschen um sich herum und inspirieren diese zu eigenen Ideen; hin und wieder auch zu mutigen Schritten auf dem Weg zur eigenen Entfaltung. Anderen, insbesondere Menschen mit den Präferenzen Ordnung und Leistung, können solche Persönlichkeiten eher gefühlsbetont, wechselhaft und wenig zielfokussiert erscheinen. Der Spannungsbogen dieser beiden Persönlichkeitsanteile erstreckt sich von dem Bedürfnis nach emotionalem Verbundensein des Beziehungstyps bis hin zu zukunfts- und veränderungsorientierter Freiheits- und Erneuerungsdynamik des Innovationstyps. Die Unterschiede dieser beiden Persönlichkeitsanteile zeigen sich am deutlichsten in deren Zeitorientierung.

Entwicklung und Pflege emotional verlässlicher Beziehungen benötigen Zeit. Aus diesem Grund richtet der Beziehungsorientierte seinen Blick eher in die Vergangenheit, auf das, was er mit anderen erlebt und zu Verbundenheit geführt hat. Dies hat eine grundlegende und Stabilität schaffende Bedeutung. Veränderungen begegnet der Beziehungsanteil dementsprechend vorsichtig und mit Vorbehalten. Der Innovationsanteil schaut stattdessen „nach vorn", also in die Zukunft. Das Vergangene interessiert ihn nicht mehr. Sein Interesse gilt dem kreativen und visionären Neuen. Veränderungen gehören zu seinem positiven Lebensgefühl. Dies kann zu einem inneren Zwiespalt führen. Er könnte seine kreativen Gedankenreisen im Interesse harmonischer und ungestörter Beziehungen zu anderen bremsen oder vor radikalen Ideen zurückschrecken, obwohl er in der Lage wäre, diese weiterzudenken und ihnen Gestalt zu verleihen.

Die bewusste Integration dieser beiden Persönlichkeitsanteile ist somit von großer Bedeutung für innere Balance und Entfaltung. Die Integration der beiden Gegenpole bringt das Beste im jeweils anderen Teil hervor. Der Beziehungsanteil kann seine Empathie und seine emotionalen Fähigkeiten mit dem Blick in die Zukunft verbinden. Auf diese Weise nimmt er sich und anderen die Angst vor Veränderungen und vor allem die Angst vor der damit verbundenen Ungewissheit. Der Innovationsanteil gewinnt mehr Bezug nach außen und somit auch mehr Realitätsbezug. Dies fördert die Umsetzungskraft, ohne Vielfalt und Einzigartigkeit einzuschränken. Beziehung und Innovation bilden die Grundlage für sanftes Wachstum und in Vertrauen eingebettete Veränderungsprozesse. Solchermaßen erfolgreiches Handeln führt zu Stabilität und Nachhaltigkeit in Kombination mit angemessener Beweglichkeit und Anpassungsfähigkeit.

Ein nach Innen gerichteter Fokus auf den Aspekt »Individualität« verbindet beide Persönlichkeitsanteile. Sie sind weniger an allgemeingültigen Prozessen und Abläufen, Hierarchien und Organisationsformen oder reinen Sachzielen interessiert, sondern mehr an spontanem Erleben. Die Folge könnte sein, dass sie sich in Kreisen

Gleichgestimmter oder in ihrer kreativen Ideenwelt verlieren und dadurch manches nicht verwirklichen.

Wenn Sie einem solchen Menschen bei der Entfaltung seiner Potentiale behilflich sein möchten, dann fragen Sie ihn:»Was ist dein Eigenes? Das was du selbst für dich ganz allein und unbeeinflusst von anderen möchtest?« Diese Frage führt nicht zu einem unangemessenen Egoismus, sondern zu einer Fokussierung auf eigene Wünsche und Fähigkeiten, die in der Folge jederzeit mit anderen im Sinne gelingender Kooperation geteilt werden können.

Leistung und Innovation

Diese Kombination ermöglicht neben einem klaren Fokus auf Ziele und Ergebnisse, neue Ideen und Innovationen anzudenken und zu entwickeln. Nach außen wirken solche Menschen ergebnismotiviert, entschlossen und gleichzeitig ideenreich und kreativ. Da sie dazu neigen, Altes ohne Bedenken aufzugeben, könnten im Zuge dieser kreativen Dynamik langjährige und bewährte Abläufe, Verfahrensweisen und Beziehungsstrukturen verloren gehen. Auf andere wirken sie manchmal eher eigensinnig und leichtfertig. Ihre Stärke hingegen ist, die Fähigkeit zu Umgestaltung und Erneuerung mit dem Sinn für praktische Ziele und Nutzen zu verbinden und energievoll umzusetzen. Wenn dieser Typus darauf achtet, dass andere ihn tatsächlich verstehen – was aufgrund der Ideenweite nicht immer sofort der Fall ist und zu Ungeduld führen kann –, können die anderen leichter mitgehen und sich beteiligen. Gelingt dieser Prozess, werden diese Persönlichkeiten zu ungewöhnlichen und inspirierenden Führungs- und Leitfiguren.

Ordnung und Innovation

Diese Kombination ist eher selten. Es überwiegen die Gegensätze. Menschen mit diesen Präferenzen verfügen sowohl über strukturiertes und systematisches Denken, als auch über den inneren Drang, gedankliche Grenzen zu überschreiten und völliges Neuland zu betreten. Auf der einen Seite sammeln und bewahren sie Wissen und repräsentieren damit die eher konservativen Werte Stabilität und Orientierung. Auf der anderen Seite sind sie in der Lage, Altes loszulassen, Neues zu erkennen und sofort in ihre Denkstruktur einzufügen. Sie ermöglichen, dass Innovationen nicht nur zu einem kleinen Kreis von Frühübernehmern gelangen, sondern Zugang zu größeren Anwendergruppen finden. Neues führt bei diesem Personenkreis nicht zu Unsicherheit, sondern zur Erweiterung ihrer Sicht der Welt. Gleichzeitig ist ihre Suche nach Erneuerung nicht destruktiv oder chaotisch, sondern immer eingebettet in ein logisches Ordnungssystem. Diese Einzigartigkeit und Vielseitigkeit wirken auf andere oft mehrdeutig und damit unklar. Andere haben oftmals Mühe, Menschen dieser Struktur einzuordnen.

Der Spannungsbogen dieser beiden Anteile erstreckt sich von der eher historisch- und erhaltensorientierten Wissens- und Erfahrungs-dynamik des Ordnungstyps bis zu der zukunfts- und veränderungsorientierten Freiheits- und Erneuerungsdynamik des Innovationstyps. Die Integration dieser beiden Gegenpole lässt das jeweils Beste im anderen aufleuchten. Der Ordnungsanteil kann sein Wissensfundament und seine Urteilsfähigkeit in den Dienst einer strukturierten und geordneten Verbesserungs- und Erneuerungs- dynamik stellen. Der Innovationsanteil gewinnt mehr Realitätsbezug und Umsetzungskraft, ohne seine Vielfalt und Einzigartigkeit einschränken zu müssen. Ordnung und Innovation machen erfolgreiches Handeln in diesem Kontext zu einer von Struktur und Vision getragenen und den Denkrahmen erweiternden Größe. Beiden Persönlichkeitsanteilen gemeinsam ist die eher nach innen gerichtete persönliche Autonomie. Sie zeigt sich beim Innovationsanteil im Freiheitsdrang. Solch strukturierte Menschen verfügen über eine stark ausgeprägte eigene Wahrnehmungs- und Urteilsfähigkeit, die sie von anderen unabhängig macht. Andere können deswegen in den Hintergrund des Interesses geraten. Gleichzeitig wird wissensbasierte Kreativität immer auch durch den Austausch mit anderen angereichert und inspiriert. Artgerechte Haltung bedeutet in diesem Sinne, Menschen anzuregen, sich bewusst mehr nach außen zu wenden und einen intelligenten Gedanken- austausch mit anderen herzustellen. Sie schärfen auf diese Weise ihre Innovationskraft und stellen den Realitätsgehalt und die Machbarkeit ihrer Pläne und Aktivitäten sicher. Mit großer Wahrscheinlichkeit werden sie für andere zu einer Orientierung gebenden und gleichzeitig inspirierenden Leitfigur. Stellen Sie zu solchen Persönlichkeiten einen guten Kontakt her. Dann werden Sie mit Verlässlichkeit und vielen anregenden neuen Ideen belohnt.

Beziehung und Territorium

Diese Kombination ist ebenfalls selten, da sich hier zwei extreme Pole gegenüberstehen. Menschen mit diesen Dynamiken verfügen sowohl über Dominanz und Durchsetzungsvermögen, als auch über Mitgefühl und den Wunsch nach Nähe und persönlicher Integrität. Abgrenzung und Annäherung, Dominanz und Mitgefühl verbinden sich hier zu einer ungewöhnlichen Mischung. Im Kontakt mit anderen wirkt das sowohl kraftvoll, als auch überzeugend, beschützend und verlässlich. In Gegenwart solcher Menschen fühlen sich die meisten anderen, also Ordnungs- und Beziehungsmenschen, sicher und wohl. Hierin ist eines der Geheimnisse von Charisma erkennbar. Die Wirkung eines solchen Charismas könnte auch Sie erfassen. Angenommen Sie entscheiden sich für einen Menschen mit dieser interessanten Persönlichkeit, könnten Sie selbst diesem charismatischen Wohlgefühl erliegen und der andere könnte dann unmerklich die Führung über Ihr Zusammenleben übernehmen. Es käme dann zu einem in der Gefühlswolke nicht mehr sichtbaren Rollentausch. Bleiben Sie also wachsam. Hier gibt es eine Parallele zu Harald aus dem ersten Kapitel.

Territorium und Ordnung

Interaktionen mit diesem Persönlichkeitstypus sind nicht immer einfach. Durchsetzungsvermögen und strukturiertes Denken sind hier miteinander verbunden. Das Territorium wird geordnet. Die Ordnung wird durchgesetzt und über alle anderen ausgebreitet. Die beiden Anteile mögen sich. Sie verbünden sich gern. Diese Persönlichkeitsstruktur finden wir häufig bei Hausmeistern und Platzwarten.

Im positiven Sinn wird sachlich korrektes Handeln mit einer starken Geradlinigkeit und Stabilität möglich. Verbünden sich die Rückseiten beider

Medaillen dieser Persönlichkeitsanteile, wird es für alle Beteiligten anstrengend. Territoriale Menschen halten andere eher für zu schwach. Ordnungsorientierte denken, dass alle anderen dümmer sind. Folglich treffen all diese – die »Schwächeren« und »Dümmeren« – auf eine ziemlich starke Wand, die sie erst einmal überwinden müssen, um sich selbst behaupten zu können. Diese starke Wand entsteht durch das innere Radar, das bei dieser Persönlichkeitsstruktur einen sehr engen Ähnlichkeitsfilter setzt. Vermutlich werden nur wenige dieses Radar erfolgreich passieren. Menschen dieser Art werden in der Regel einen sehr ausgewählten Freundes- und Bekanntenkreis haben.

Wenn Sie sich für das Zusammenleben mit einer solchen Persönlichkeit entscheiden, müssen auch Sie dieses Radar passieren. Sie müssen zeigen, dass Sie in jeder Lebenslage stabil sind und Strukturen aufrechterhalten können. Dann wird sich der Mensch bei Ihnen wohlfühlen. Aber er wird das vermutlich immer wieder testen. Achten Sie deshalb insbesondere auf solche unvermeidlichen Tests.

Territorium und Leistung

Ähnlich verhält es sich mit dieser Kombination. Auch diese beiden Anteile mögen sich auf Anhieb. Wenn sich die leuchtenden Seiten dieser beiden Anteile verbünden, entsteht eine starke dynamische Zielorientierung mit atemberaubendem Fahrtwind und unaufhaltsamer Durchsetzungskraft. Solange auf diesem rasanten Fahrzeug andere mitfahren dürfen, ist im Sinne der Kooperation alles in Ordnung. Wenn sich aber die etwas schattigeren Seiten dieser beiden Anteile hemmungslos verbünden, werden Mitfahrer schnell abgeschüttelt oder sie steigen sogar vorsichtshalber von allein aus. Für die Leitidee »Kooperation« bedeutet dies, dass die Vernetzung von Kompetenzen und damit auch die Entfaltung von Potentialen abnehmen. Behalten Sie dies im Blick. Dann wird Ihnen dies nicht so schnell passieren.

Territorium und Innovation

In dieser Kombination schlummert die nächste ganz große Idee, an der alle teilhaben sollen. Dafür setzen sie alles auf eine Karte. »Groß« und »Neu« sind die motivierenden Schlüsselworte für diese Persönlichkeiten. Mit einem solchen Menschen wird es nie langweilig. Lassen Sie sich überraschen. Halten Sie jedoch Ihren Realitätssinn wach, bleiben Sie stabil und verbunden.

Sie haben jetzt einen besseren Eindruck von der Vielfalt der Kombinationen dieser fünf Persönlichkeitsanteile gewonnen. Wenn deren positive Aspekte zur Geltung gelangen, entstehen Möglichkeiten zu Kooperation und Entfaltung in Hülle und Fülle. Allerdings können diese Kräfte auch in Abgrenzung und Eigennutz fließen. Menschen befinden sich fast immer an diesen Weggabelungen und müssen Entscheidungen treffen. Diese Entscheidungsnotwendigkeiten sind der Motor der Menschen innewohnenden Entfaltungsdynamik. Artgerechte Haltung dient dazu, an diesen Wegmarken die richtigen Pfade zu wählen.

Fünf Persönlichkeiten scheinen auf den ersten Blick, ein übersichtliches Modell darzustellen, einfach zu verstehen und relativ leicht wiederzuerkennen.

Gleichzeitig verbergen sich dahinter unendlich viele individuelle Mikro-Ausprägungen. Kein Mensch gleicht einem anderen. Durch diese Fülle entstehen Entfaltungsräume von atemberaubenden Dimensionen. Der Blick auf die vielfältigen Kombinationsmöglichkeiten lässt uns diese Dimensionen erahnen.

Betrachten wir deshalb auch die eher seltenen Dreierkombinationen.

Leistung – Beziehung – Territorium

Kommen wir zurück zu Harald, dem wir bereits vorhin begegnet sind. Er ist ständig in Bewegung, kennt sich mit allem aus und packt überall mit an. Er arbeitet als Mitarbeiter, Kollege und informeller Chef in einem. Führt zusammen mit seiner Frau nebenbei einen kleinen Catering-Service und wird gleichzeitig geliebt und gehasst. Sie wurden gefragt, ob Sie sich einen Harald anschaffen würden? Wie denken Sie mit Ihrem jetzigen Wissen über eine solche Entscheidung? Schauen wir uns Harald näher an. Er ist das, was wir einen »Hans-Dampf-in-allen-Gassen« nennen. In ihm wirken die drei unterschiedlichen Energiequellen Leistung, Beziehung und Territorium. Sie überlagern sich sprudelnd, verbinden sich ständig auf vielfältige Art und setzen immer wieder neue Kräfte frei. Diese Menschen erleben sich als Allrounder, die vieles können, sich aber nicht auf ein einziges Tätigkeitsfeld festlegen möchten. Sie bieten sich für viele unterschiedliche Aufgaben an. Sie sind aktiv und können nicht stillsitzen. Sie müssen immer etwas tun, sind dabei hilfsbereit, erledigen Aufgaben für andere schnell und gern, können sich auch durchsetzen, wenn es sein muss. Ist eine Person dieser Struktur Führungskraft, wird sie von Menschen der

Umgebung als tatkräftig und handlungsorientiert erlebt. Eine Persönlichkeit, die andere nicht dominieren will oder territorial motiviert ist, sondern stets menschlich zugewandt und hilfsbereit handelt. Diese Dynamiken ermöglichen ein variables Verhalten und einen großen Wirkungsradius. Der Fokus kann manchmal verschwimmen. Andere Beteiligte verlieren das Gefühl, gleichberechtigt eingebunden zu sein. Dieses Verhalten führt oft zu einer geringen Eindeutigkeit. Folglich können andere einen solchen Menschen nicht präzise einordnen. Sie bekommen ihn nicht richtig »zu fassen« und erleben ihn eventuell als unberechenbar. Da Eindeutigkeit jedoch für viele Menschen ein wichtiges vertrauensbildendes Element ist, besteht hierbei das Risiko der bleibenden Skepsis gegenüber Menschen wie Harald. Diese Skepsis wirkt sich auch auf die Qualität seiner Beziehungen aus. Es könnte der Eindruck entstehen, Haralds Beziehungsinteresse sei nur oberflächlich. Diese Einschätzung würde Harald nicht gerecht werden. Er selbst würde sich wahrscheinlich nicht genügend wertgeschätzt fühlen, obwohl er doch so viel für andere tut. Er wäre verwirrt, enttäuscht und würde dies nicht verstehen.

Würden Sie einen Harald in die engere Wahl ziehen? Auf alle Fälle hätten Sie immer Action im Haus. Artgerecht gehen Sie mit ihm um, wenn Sie ihn für facettenreiche Aufgaben einsetzen, ihm viele Kontakte ermöglichen und ihm auch ausreichend Reflexions- und Ruhephasen gönnen. Vielleicht müssen Sie ihm diese Ruhephasen auch verordnen, weil er ja nicht stillsitzen kann. Hilfreich sind hierbei – mit einer gewissen Beharrlichkeit – gesetzte Leit-planken, innerhalb dieser Sie ihn unauffällig, und wenn nötig, etwas deutlicher führen können. Nach einer Weile werden alle Beteiligten große Freude miteinander haben. Der vorhin auf Seite 11 begonnene Dialog könnte dann so geführt werden:

Sie:	»Harald, wir müssen mal reden.«
Harald:	[Erschrocken] »Ja, was denn?«
Sie:	»Ich glaube, wir müssen unser Zusammenleben nochmal sortieren.«
Harald:	»Was meinst du denn damit? Mach´ ich etwas falsch?«
Sie:	»Nein, natürlich nicht.«
Harald:	»Na dann ist es ja gut. Ich habe übrigens eine tolle Idee für das nächste Wochenende. Du wolltest doch immer mit Gisela und Tobias auf die kleine Hasenspitze rauffahren, mit dieser neuen Seilbahn. Ich habe euch schon Tickets besorgt und euch oben einen Tisch in der Gaststätte reserviert.«
Sie:	»Harald, warte mal einen Moment.«
Harald:	[Stutzt]
Sie:	»Du bist hilfsbereit, voller prima Ideen und du bist schnell.«
Harald:	»Stimmt.«
Sie:	»Ja. Und das finde ich toll. Das ist eine ganz große Bereicherung.«
Harald:	»Das freut mich. Kommt jetzt ein Aber?«
Sie:	»Nein. Ohne Wenn und Aber. Du bist eine ganz große Bereicherung für mich.«
Harald:	»Dann ist doch alles in Ordnung, oder?«
Sie:	»Auf der einen Seite Ja. Und zwar ein großes Ja. Und es gibt noch eine andere

	Seite.«
Harald:	[Überrascht] »Was denn?«
Sie:	»Es ist nicht einfach, die richtigen Worte dafür zu finden. Das klingt jetzt vielleicht seltsam. Mein Eindruck ist, du machst zu viel.«
Harald:	»Wie zu viel?«
Sie:	»Beispiel: die Tickets für die Seilbahn.«
Harald:	»Ja?«
Sie:	»Na, was meist du denn?«
Harald:	»Das war doch nett gemeint.«
Sie:	»Ja klar, das sehe ich sofort.«
Harald:	»War das zu viel?«
Sie:	[Hebt fragend die Schultern]
Harald:	»Hätte ich dich vorher fragen sollen?«
Sie:	»Wir kommen der Sache schon näher.«
Harald:	»Du meinst, ich bin zu forsch?«
Sie:	»Nein. Ich finde das ja gut, dass du so forsch bist … Moment … Wir sortieren das mal. Du möchtest doch hilfsbereit sein, oder?«
Harald:	»Ja, klar.«
Sie:	»Dann muss du doch zuerst sehen, ob jemand hilfebedürftig ist. Und dann solltest du ihn vielleicht fragen, ob er Hilfe möchte, oder?«
Harald:	»Hm.«
Sie:	»Du brummst. Was meinst du denn mit Hm?«
Harald:	»Ich mache gerne was, möchte was bewegen.«
Sie:	»Jetzt weichst du aus.«
Harald:	»Was?«
Sie:	»Darum geht es doch nicht. Dass du aktiv bist und überall mit anpackst, ist

	eine deiner Stärken.«
Harald:	»Du meinst ich sollte mehr …? … Ja was eigentlich?«
Sie:	»Harald, du bist wirklich ein Knaller. Du merkst das gar nicht, oder?«
Harald:	»Manche sagen, ich bin zu dominant. Meinst du das?«
Sie:	»Was meinen die denn damit, wenn die das sagen?«
Harald:	»Na, ich mache einfach, ohne zu fragen.«
Sie:	»Genau.«
Harald:	»Ich dachte, das ist gut. Proaktiv und so.«
Sie:	»Pass auf, ich will dich nicht zappeln lassen. Du bist ein toller Typ. Und jetzt schau mich mal an.«
Harald:	»Du bist auch ein toller Typ.«
Sie:	»Danke. Genau. Sehe ich hilfsbedürftig aus?«
Harald:	»Nein, natürlich nicht.«
Sie:	»Kann ich selbst entscheiden, mit wem ich wann wohin fahren möchte?«
Harald:	»Ja, klar.«
Sie:	»Und was sagt dir das?«
Harald:	»Dass du dein Ding alleine machen möchtest.«
Sie:	»Genau. So wie du, oder?«
Harald:	»Eigentlich schon.«
Sie:	»Harald, mein Eindruck ist, dass du in deiner Hilfsbereitschaft und deiner Lust, was zu machen, manchmal über Grenzen hinweggehst.«
Harald:	»Du meinst ich überrolle andere?«
Sie:	»Könnte man so sagen.«

Harald:	»Habe ich schon oft gehört.«
Sie:	»Und was sagt dir das?«
Harald:	»Muss wohl was dran sein.«
Sie:	»Und was machst du jetzt damit?«
Harald:	»Ich achte mehr darauf, was andere wirklich wollen?«
Sie:	»Und was machen wir beide jetzt?«
Harald:	»Vorher miteinander reden?«
Sie:	»Gute Idee. Einverstanden?«
Harald:	[Erleichtert] »Einverstanden. Und die Tickets?«
Sie:	»Die nutzen wir natürlich und haben Spaß. Und nächstes Mal machen wir das anders, okay?«
Harald:	»Alles klar, okay.«

Geschafft.

Eine weitere komplexe Persönlichkeit, die für andere schnell zu einer Herausforderung werden kann, ist folgende Kombination.

Territorium, Ordnung und Leistung

Hier sind die ordnenden Anteile eines Hausmeisters mit messerscharfer Wahrnehmung, glasklarer Zielorientierung und hartnäckiger Durchsetzungskraft gemischt. Es ist außerordentlich faszinierend, diesen Persönlichkeitstyp in der freien Natur zu beobachten. Sein Beziehungsanteil kommt hinter dieser dominanten Trias kaum zum Vorschein. Nur Menschen, die seinen Scan passiert haben, gelangen in den Genuss dieses Beziehungsanteils. Dann entstehen Momente der Herzlichkeit, Fürsorge und vor allem des Beschützens. Niemand sollte auf den Gedanken kommen, Freunde und Familie dieser Persönlichkeit zu bedrängen oder zu bedrohen. Dann würde er erleben wie Klarheit, Genauigkeit und territoriale Durchsetzungskraft zu einem ungeahnten Waffenarsenal werden können. Den Scan passieren nur Menschen, die erstens nicht umfallen, zweitens im Detail einen klaren Sinn für Struktur und Ordnung haben, sich tadellos benehmen können, gleichzeitig ihre Interessen durchsetzen und – drittens – am Ende auch was schaffen. Viele werden es nicht sein, die diesen Scan lebend passieren. Für Anfänger der artgerechten Haltung von Menschen ist der Umgang mit diesem Persönlichkeitstypus eher nicht geeignet. Hier wird jemand benötigt, der bereits über Erfahrungen verfügt und in der Lage ist, in einem hohen Maß Ähnlichkeit herzustellen. Für den Fall, dass ein solcher Persönlichkeitstyp bis hierher lesend vorgedrungen ist – was eher unwahrscheinlich ist –, möchten wir unsere Betrachtung positiv abschließen. Unsere Eingangsgedanken waren, dass Menschen empfindlich, widersprüchlich und mit erstaunlichen Fähigkeiten ausgestattet sind. Nun, dieser Typus ist unempfindlich, widerstandsfähig und robust. Er ist aber tief im Inneren denjenigen empfindsam zugewandt, die seinen komplexen und sehr genauen Scan passiert haben. Dann wird er weich. Dann setzt er seine Stärken, wie zum Beispiel sein detailreiches Wissen und seine Gestaltungsmotivation für große Ziele ein. Das große Ziel, das Big Picture ist die Form, durch die sich die Widersprüche dieser drei Anteile zu einem gemeinsamen Kraftstrom bündeln. Dann entfalten sich seine Fähigkeiten und Potentiale. Was ihm dann noch fehlen sollte, um das große Ziel zu verwirklichen, besorgt er sich von anderen. Er konstruiert Räume, in denen möglichst viele

Menschen zusammenwirken, in denen deren Fähigkeiten verknüpft werden und große Ideen zur Realität werden. Das ist tatsächlich faszinierend zu beobachten.

Zum Schluss ein kleines Beispiel aus dem Privatleben eines solchen Persönlichkeitstyps. Konzertabend. Sitz in der zweiten Reihe. Mitte. Erster Platz am Mittelgang. Viel Platz um ihn herum. Nah dran an den Musikern. Diese betreten das Podium und setzen sich mit ihren Instrumenten auf ihre Stühle. Sein Scan bewegt sich minutiös hin und her. Dann folgen die Kommentare für den Begleiter.

»Siehst du das? Die Geigerin hat ungepflegte Haare. Die sind ganz splissig. Sieht das denn keiner? Achtet denn der Dirigent nicht darauf?«

»Die haben alle was anderes an. Alles schwarz, aber nicht abgestimmt. Unordentlich. Das wird doch dem feierlichen Anlass nicht gerecht.«

»Und die Schuhe. Guck dir die Schuhe an.«

»Was sind das alles für unterschiedliche Menschen. Guck mal, jeder zieht sich anders an. Ich glaube die merken das gar nicht. Wahrscheinlich sind die nur wegen der Musik hier. Künstler eben.«

»Was verdienen denn Musiker so, weißt du das?«

»Für die Pianistin haben die nicht mal einen ordentlichen Hocker. Schau mal. Die muss auf einem einfachen Konferenzstuhl sitzen. Wie unachtsam.«

»Wahrscheinlich sparen die überall. Kein Geld.«

»Mal sehen, ob der Dirigent das alles in den Griff kriegt.«

Am Ende des Konzerts gab es dann einen kleinen bewegenden Kommentar.

»Die Musik war ganz schön laut. Die Sänger hatten da kaum eine Chance. Aber egal. Der Geiger da vorne, der erste, der war toll. So nah dran konnte ich ihn genau heraushören. Der hat manchmal ganz fein gespielt. Ich glaube, das hat da hinten in der letzten Reihe gar keiner hören können. Das war sehr schön. Ganz was Besonderes. Ich sitze gerne vorne.«

So sind sie. Alle sind doch auf ihre Weise irgendwie sympathisch.

Dieser erste Einblick in das Innenleben von Menschen hat eine Landkarte entstehen lassen, die uns Orientierung für den weiteren Weg gibt. Diese Landkarte ist aber noch nicht vollständig. Auf ihr sind bisher nur die Grundzüge der unterschiedlichen positiven Kräfte von Menschen verzeichnet, insbesondere die Persönlichkeitsanteile in ihren authentischen Ausformungen. Wir haben bisher hauptsächlich Menschen im entspannten Zustand, in der Komfortzone, betrachtet.

In diesem Zustand können sich die besonderen sechs Fähigkeiten von Menschen entfalten:

- Elastizität und Belastbarkeit
- Empfindsamkeit und Empathie
- Selbstreflexion
- Transferfähigkeit
- Antizipation
- Kooperation

Geraten Menschen unter Belastung in Stress, verwandelt sich Empfindsamkeit in Empfindlichkeit und die positiven Dynamiken geraten ins Wanken. Es entsteht dann ein oftmals tunnelartiger Selbstbezug, Empathie nimmt ab, Außenwahrnehmung und Selbstreflexion werden reduziert. Folglich fokussieren und verengen sich Transferfähigkeit und Antizipation auf den Ich-Bezug. Kooperation wird in diesem Zustand fast unmöglich. Die Entfaltung vorhandener Potentiale verlangsamt sich bis hin zum Stillstand. Dieser Prozess geschieht sehr häufig. Gedeihliches Zusammenleben mit einem Menschen ist nur dann Erfolg versprechend, wenn wir dessen Stressverhalten verstehen und sicher damit umgehen können.

Teil 2
Das empfindliche Innenleben der Menschen

Menschen sind empfindsam. Sie sind im Lauf des Lebens vielen belastenden Situationen ausgesetzt. Der Gedanke liegt nahe, dass Menschen evolutionsbedingt gerade aufgrund der ständigen Herausforderungen diese Empfindsamkeit entwickelt haben. Feine Wahrnehmung und empathisches Spüren dienen dazu, Lebenssituationen und andere Menschen einzuschätzen und eigenes Verhalten entsprechend optimal auszurichten. Gleichzeitig beobachten wir, dass Menschen unter Druck und Belastung ihre positive Komfortzone verlassen. Authentische Persönlichkeitsanteile nehmen ab und nachrangige Anteile werden aktiviert. Das erhöht zwar den Fokus, vermindert jedoch die Variabilität des Handelns und kostet zusätzlich Energie. Gelegentlich werden authentische Persönlichkeits-anteile auch zugespitzt und überbetont. Stärken werden dann zu Schwächen. Empfindsamkeit wird zu Empfindlichkeit. Hier existiert eine feine Grenze, ein schmaler Grat. Geraten beispielsweise Leistungs-menschen unter Druck, werden sie in der Regel schneller. Sie kommen damit jedoch nur selten schneller ans Ziel. Sie verlieren eher den Kontakt zu anderen, das gemeinsame Denken und Handeln nimmt ab, die Wahrnehmung verengt sich, das feine situationsgerechte Justieren des eigenen Verhaltens wird vom stressgetriebenen Autopiloten übernommen. Der Stress nimmt dadurch nicht ab, sondern zu. Der Leistungsmensch befindet sich in einer Sackgasse.

Ordnungsmenschen unter Druck werden meistens genauer, detaillierter und ihre ohnehin scharfe Wahrnehmung wird zur Waffe. Die Folgen sind die gleichen. Kooperation wird erschwert, die Sicherung der eigenen Position tritt in den Vordergrund und die Variabilität des Verhaltens nimmt ab. Erstaunlich schnell erreicht der Mensch hierbei die Grenze seiner Belastbarkeit. Gelingt es ihm nicht, an dieser Grenze innezuhalten, drohen seine positiven Interaktionsfähigkeiten zusammenzubrechen. Artgerechte Haltung schützt den Menschen an dieser Grenze.

Betrachten wir Verhaltensveränderungen unter Belastung anhand des Beispiels von Oskar genauer. Er ist ein freundlicher Mensch, Mitglied in verschiedenen Vereinen und sehr gesellig. Gleichzeitig ist er verlässlich und übernimmt gern Verantwortung. Er legt Wert auf strukturierte Abläufe und durchdachtes Handeln. Er ist ein Mensch mit den vorrangigen Persönlichkeitsanteilen Beziehung und Ordnung.

Betrachten wir nun sein vollständiges Profil im Detail, erreichen wir die *vierte Ebene* der kollektiven Vielfalt [siehe oben Seiten 81-83]. Alle fünf Anteile wirken in individuellen Ausprägungen. Eine *fünfte Ebene* entsteht dadurch, dass ähnliche Ausprägungen unterschiedlich stark geladen sein können. Wir erkennen in Oskars authentischer Komfortzone die folgende Verteilung und Ladung seiner Persönlichkeitsanteile.

Macht

Ordnung

Beziehung

Innovation

Leistung

Oskars Beziehungsanteil ist etwas stärker ausgeprägt als sein Ordnungsanteil. Beide treten wiederum im Vergleich zu allen anderen Anteilen deutlich hervor. Gerät Oskar unter Stress, verändert sich die emotionale Ladung seiner Persönlichkeitsanteile auf folgende Weise:

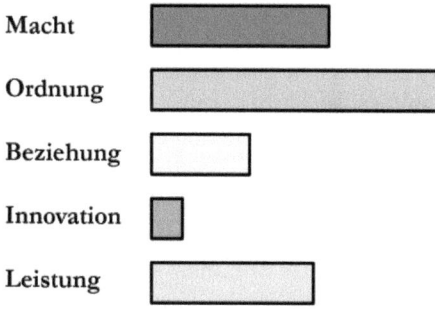

Macht

Ordnung

Beziehung

Innovation

Leistung

Drei Dinge fallen auf. Der Machtanteil wird stärker. Der Beziehungsanteil nimmt ab. Der Ordnungsanteil tritt noch deutlicher hervor. Manchmal spitzt er sich zu. Oskar wird kritischer und dominanter. Er stellt sein Bedürfnis nach guten Beziehungen zurück, rückt sein Ordnungsbedürfnis in den Vordergrund und bündelt seine Kräfte, um sich durchzusetzen. Dies ist kein bewusst gewähltes Verhalten. Dieses Verhalten wird von Oskars Autopiloten erzeugt. Instinktiv und stressbedingt. Es dient evolutionsdynamisch der akuten Gefahrenabwehr. Menschen reagieren jedoch in Situationen, die gar keine Gefahr darstellen, sondern »nur« den berühmten »roten Knopf« auslösen, ebenfalls auf diese Weise. Dass geschieht insbesondere dann, wenn Menschen sehr empfindlich geworden sind. Sie unterscheiden dann nicht mehr zwischen echten Gefahrensituationen und alltäglicher Belastung. Stellen Sie sich Oskar auf einer Dienstreise vor. Er fährt morgens mit der S-Bahn zum Flughafen. Der Zug ist mit Pendlern voll besetzt. Einen Sitzplatz hat er nicht gefunden. Er muss umzingelt von fremden Menschen 20 Minuten stehen. Menschen, die Husten, Niesen und Musik trotz Kopfhörer so laut abspielen, dass Oskar die Geräusche mithören muss. Und dann gibt es noch die, die in vollbesetzten Verkehrsmitteln laut telefonieren. Als Oskar am Flughafen ankommt, hat er den Zugang zu seiner authentischen Komfortzone längst verloren. Sein Beziehungsanteil hat sich zurückgezogen, sein Störungsradar läuft auf Hochtouren und sein Dominanzanteil hat Wachposten bezogen. In diesem Zustand muss er 10 Minuten an der Sicherheitskontrolle anstehen, wieder von hustenden und telefonierenden Menschen umgeben. Etwas später sitzt er auf einem Mittelsitz im Flugzeug – 79 cm Sitzabstand, 43 cm Sitzbreite. Oskar befindet sich im Stressmodus.

Angenommen Sie treffen Oskar nach seinem Flug in der Ankunftshalle des Flughafens. Sie treffen ihn zum ersten Mal und kennen die Geschehnisse seiner letzten drei Stunden nicht. Sein Verhalten ist eher abgrenzend und unfreundlich. In diesem Moment kann es sehr leicht zu einer Fehleinschätzung kommen. Sie könnten aufgrund Ihrer Beobachtungen annehmen, dass Oskar eine territoriale Persönlichkeit ist. Zur Kontaktaufnahme wählen Sie die Strategie der Ähnlichkeit und sprechen ihn mit den Worten an: »Ich sehe, das Flugzeug war zu klein für Sie. Der nächste, der Ihnen über den Weg läuft, lebt gefährlich.«

Ein Machtmensch würde jetzt grinsen und antworten: »Sie haben es erkannt. Und bei Ihnen mache ich eine Ausnahme.«

Oskar ist aber kein Machtmensch, seine territorialen Anteile sind nicht sehr ausgeprägt. Er ist ein Beziehungs- und Ordnungsmensch. Er befindet sich allerdings im Stressmodus und findet im Moment keinen Zugang zu seinem authentischen Persönlichkeitszustand. Er hört Ihre Worte, ist für einen kurzen Moment verwirrt und denkt: »Was fällt denn dem ein.« Die aufgrund der Fehleinschätzung gewählten Worte lösen kein Ähnlichkeitsgefühl aus, sondern werden von Oskar als Verstärkung seines Stresszustandes verstanden. Ihre Worte sollten ihm signalisieren: »Ich bin genauso wie Du.« Er versteht sie aber als: »Ich bin genauso gestresst und auf Krawall gebürstet wie Du«. Sie wollten Ähnlichkeit und Kontakt herstellen, erreicht haben Sie Konflikt und Abgrenzung.

Bewusste Begegnungen mit Menschen beginnen aus diesem Grund immer mit folgenden inneren Fragen und Weichenstellungen:

- Befindet sich der Mensch in seiner authentischen Komfortzone oder im Stress- und Konfliktmodus?

- Befindet er sich in seiner Komfortzone, erzeugen Sie Ähnlichkeit.

- Befindet er sich im Konfliktmodus, wählen Sie als ersten Schritt Deeskalation.

Holen Sie ihn aus dem Stresszustand heraus. Das könnte so klingen: »Ich sehe, die Reise umgeben von vielen Menschen war eine Strapaze für Sie«. Findet er wieder einen Zugang zu seiner Komfortzone und beginnt sich zu entspannen, verstärken Sie die Ähnlichkeit. »Darf ich einen Vorschlag machen? Wollen wir erst einmal eine Tasse Kaffee trinken und das Ganze hinter uns lassen?«

Die differenzierte Wahrnehmung des Typus und die Unterscheidung zwischen Komfort- und Konfliktzone sind wichtige Voraussetzungen für den Aufbau von Kontakt, für gelingende Kooperation und gemeinsame Entfaltung der Potentiale.

Schauen wir uns im folgenden Kapitel das Stress- und Konfliktverhalten der einzelnen Persönlichkeiten genauer an.

07
Ludwig, der Ordnungsmensch

Dies ist die Geschichte von Ludwig. Er ist ein ordnungsorientierter Mensch. Logisches Denken, kriterienorientiertes Entscheiden und Handeln sind für ihn wichtig. Wird eine respektvolle Distanz zu ihm gewahrt, wird er in seinem Lebensraum nicht zu sehr bedrängt, fühlt er sich verstanden und angemessen behandelt. Stabile Strukturen und sichere gedankliche Koordinaten gehören zu seinen Grundbedürfnissen. So kann er sich jederzeit orientieren. Merkt er, dass Sie diese Bedürfnisse sehen und beachten, wird er bei aller Aufmerksamkeit und Vorsicht Vertrauen zu Ihnen aufbauen.

Was erlebt und wie reagiert Ludwig, wenn seine Bedürfnisse übersehen, ignoriert oder missachtet werden? Angenommen er wurde in seinem Privatleben häufig respektlos und verletzend behandelt. Andere kamen ihm zu nah, bedrängten ihn, machten sich über ihn lustig und nannten ihn Klugscheißer, Streber, Eigenbrötler. Dann ließen sie ihn stehen und ignorierten ihn. Dies führte dazu, dass er sich immer weiter in sich zurückzog. Seine Bereitschaft, sich auf andere einzulassen, nahm ab. Er wurde zum Einzelgänger und sein Blick auf die Umwelt kritischer. Dies setzte sich in seinem Berufsleben fort. Ludwig begann Fehler und Mängel bei anderen zu suchen. Vor allem bei seinen im Laufe der Jahre zahlreichen Vorgesetzten. Sein Scan war besonders präzise bei den Faktoren »Was können die?« und »Was nutzt mir das?« Jeder, der seine eigenen Vorgesetzten auf diese Faktoren geprüft hat, weiß was in Ludwig vorgeht. Er konnte das natürlich auch schon vorher, das macht ja einen Ordnungsmenschen gerade aus, der Blick für Details, für Richtig und Falsch. Die negativen Seiten rückten jetzt aber deutlicher in den Vordergrund. Das Gute und Positive sah er immer weniger. Stattdessen sammelte er die Fehler anderer. Wie spitze Pfeile, die er in einen Köcher steckte. Er wurde zu einem kritischen Beobachter mit einem übervollen Köcher.

Ludwig wird diese Pfeile auch irgendwann abschießen. Wann er das tun wird, kann allerdings niemand vorhersagen. Mit jedem entdeckten Mangel oder Fehler bei anderen fühlte er sich besser, richtiger, überlegener. Er begann, die ihm fehlende Wertschätzung auszugleichen, indem er sich innerlich über andere erhob. Ordnungsorientierte Menschen reagieren auf diese Weise auf Verletzungen ihres Selbstwertes, ihrer Würde. Ihre höchsten Werte sind Wissen, Erfahrung, Autonomie und Respekt. Hierin gründet deren Selbstwert und an dieser Stelle sind sie besonders verletzlich.

Genau hier ist Ludwigs Empfindsamkeit in Empfindlichkeit umgeschlagen. Dies ist sein wunder Punkt. Wird er an dieser Stelle bedrängt, setzt ein dreistufiger Konfliktprozess ein. Zuerst wiederholt er seinen Standpunkt. Wird er nicht gehört, setzt die zweite Stufe ein. Er wiederholt seinen Standpunkt, jedoch diesmal mit anderen Worten, lauter, direkter und vielleicht auch mit ersten Anzeichen von Ärger. Der Ärger bezieht sich auf seine gefühlte Zumutung, dass andere nicht an seinem Wissen, seiner Erfahrung und seiner logischen Ordnungsstruktur teilhaben wollen. Auf die Zumutung, dass die Dummen die Welt regieren. Wird er weiterhin nicht gehört, beginnt die gefährliche dritte Stufe. Er verliert die Achtung vor den anderen und zieht sich zurück. Er sucht Fehler, sammelt Pfeile, spitzt sie besonders scharf an, steckt sie in den Köcher und wartet darauf, sie irgendwann abschießen zu können.

Ludwig hat aufgrund seiner negativen Erfahrungen einen fatalen inneren Satz entwickelt: »Euch werde ich es noch beweisen«. Sollten Sie bei Ludwig diese Signale erkennen, würdigen Sie ihn als Person, lassen Sie ihn in aller Ruhe und ohne zu drängen Teil Ihrer

Gemeinschaft werden. Beziehen Sie ihn in interessante Aufgaben ein und ermöglichen Sie ihm, einen sinnstiftenden Beitrag zu leisten. Das kann etwas dauern, weil Ludwig Sie erst einmal misstrauisch beobachten wird. Wenn Sie sich nicht von Ihrem Weg abbringen lassen, wird er Sie noch eine Weile ungläubig betrachten. Dann aber wird er verstehen, dass Sie es ernst meinen und Sie gewinnen einen vielleicht nicht immer einfachen aber auf alle Fälle sehr loyalen Freund.

Selbstwert und Respekt

Menschen reagieren auf Respektlosigkeit und die Missachtung ihres Selbstwerts sehr empfindlich. Dies ist ein wunder Punkt und eine der Hauptursachen für Konflikte und die Verweigerung von Kooperation. Doch was konkret bedeuten diese Begriffe? Welche Erlebenswirklichkeit verbirgt sich hinter diesen sprachlichen Codierungen? Menschen erleben sich in drei Dimensionen:

Sie nehmen sich einerseits als autonome Individuen wahr. Andererseits erleben sie sich als Teil eines größeren Gesamtbewusstseins. Das Gehirn aktiviert zwei unterschiedliche Areale, die diese sehr gegensätzlichen Zustände abbilden. In diesem Spannungsfeld entfaltet sich die Identität des Menschen. Als individuelle Persönlichkeit leistet er einen Beitrag im Zusammenwirken mit anderen. In diesem Wir-Raum entfalten sich Potentiale. Werden sie sichtbar und manifest, erlangt der eigene Beitrag Bedeutsamkeit. Gelingt es, diese drei Dimensionen zu verbinden, erfüllt sich der Selbstwert des Menschen, seine Komfortzone wird zum Kraftraum. Die Würde ist dann tatsächlich unantastbar. Wird dem Menschen dies verwehrt, zieht sich die Komfortzone zusammen und der Konfliktmodus dehnt sich aus. Er kämpft um Selbstwert und Würde. Beziehungsorientierung nimmt ab. Dominanz nimmt zu. Eigennutz gewinnt Überhand. Kooperationsbereitschaft geht verloren. Potentiale können sich nur noch begrenzt entfalten. Wer Menschen artgerecht fördern möchte, schafft kreative Räume, in denen sie sich als Individuen begegnen und zu gemeinsamem Denken und Handeln verbinden können. Das klingt erst einmal gut, ist jedoch eine Herausforderung für jeden Menschenfreund, wie wir am Beispiel von Tanja sehen können.

08
Tanja, die Beziehungsfrau

Für Tanja sind gute und harmonische Beziehungen wichtig, sie möchte sich zugehörig und eingebettet fühlen, sich mit anderen austauschen und mitteilen. Sie möchte das Leben mit anderen gemeinsam entdecken und spüren. Ihr ist Gerechtigkeit wichtig und sie verbindet damit, dass alle gleichbehandelt werden. Unterscheidungen zwischen Menschen, zum Beispiel nach Kriterien wie Wissen, Fähigkeiten und Leistung, trifft sie nicht gern. Sie hätte dann das Gefühl, den Personen als Menschen nicht gerecht zu werden und sie nur als Leistungserbringer zu sehen. Sie ist hilfsbereit, nimmt sich Zeit und ist anderen freundlich zugewandt. Wenn Tanja spürt, dass Sie diese Eigenschaften sehen und wertschätzen, wird sie sich schnell bei Ihnen wohlfühlen, Ihnen sofort einen Vertrauensvorschuss schenken und nach Möglichkeiten suchen, wie sie Ihnen behilflich sein kann.

An dieser Stelle besteht nun jedoch ein Risiko des Mehr vom Gleichen. Menschen, die hilfsbereit sind, erkennen oft nicht den zeitlich angemessenen Rahmen für die Dauer der Hilfsbereitschaft. Nehmen wir einmal an, Tanjas Freundin Simone hat einen Hund und bittet Tanja, auf ihn aufzupassen. Für ein Wochenende. Von Freitag bis Montag früh. Am Montag ruft Simone an und bittet um einen weiteren Tag, weil ihr etwas dazwischengekommen ist. Tanja nimmt den Hund gerne auch noch einen weiteren Tag. Eine Woche später hat Tanja den Hund noch immer. Ist das im Rahmen des Freundschaftsdienstes noch in Ordnung? Tanja hat Mühe, dies zu entscheiden. Ihr fehlen klare Entscheidungskriterien. Zum einen ist es tatsächlich nicht einfach, für den zeitlich angemessenen Rahmen eine klare Linie zu ziehen. Zum anderen fällt es Tanja aufgrund Ihrer beziehungsorientierten Persönlichkeit schwer, sich abzugrenzen. Tanja empfindet ein inneres Dilemma. Da Verbundenheit für Tanja wichtiger ist, als klare Grenzen zu ziehen – ganz zu schweigen von der herzlichen Verbindung, die Tanja mittlerweile für den Hund empfindet –, findet sie für sich und Simone gute Gründe warum sie den Hund weiter in Obhut behalten sollte. Gleichzeitig rechtfertigt und entschuldigt sie damit ihre Unentschiedenheit vor sich selbst. Drei Wochen später hat Tanja den Hund immer noch. Spätestens jetzt wird er zu einem sogenannten Klammeraffen. Klammeraffen sind Aufgaben, die man aus Hilfsbereitschaft übernimmt und dann nie wieder los wird, während ein anderer fröhlich seine freie Zeit genießt oder unauffällig aus einer unangenehmen Verantwortung flüchtet. Wenn Sie Tanja etwas Gutes tun möchten, beteiligen Sie sie an sinnvollen Aufgaben, achten auf klar definierte Verantwortungsbereiche und schützen Sie sie vor der Versuchung, neue Klammeraffen zu adoptieren. Es wird ihr nicht ganz leichtfallen, aber sie wird Ihnen dafür dankbar sein.

Was geschieht hingegen, wenn Tanja sich überlastet und in ihrem Selbstwert verletzt fühlt? Nehmen wir an, sie arbeitet in einer Position, die für die pünktliche Belieferung der Kunden verantwortlich ist. Sie ist dafür nicht allein zuständig, die Kollegen erfüllen ihre Aufgaben jedoch weder zeitnah noch fehlerfrei. Tanja gleicht diese Mängel bereits seit sechs Monaten aus. Sie ist überlastet und beginnt selbst, Fehler zu machen. Kunden beschweren sich bereits. Der Vertrieb kritisiert Tanja. Ihr Chef stellt sich nicht hinter sie, sondern fordert sie stattdessen auf, effektiver zu arbeiten. Sie hat versucht, ihm die Situation zu erklären. Er sagte nur, sie solle sich nicht über die Kollegen beklagen. Tanja trägt Klammeraffen und wird dafür noch kritisiert. Sie ist verzweifelt und empört. Mit ihrem Ehemann hat sie dies besprochen. Er war ihr keine große Hilfe, er sagte nur, »Lass dir nicht alles gefallen.«

Diese Situation ist für einen beziehungsorientierten Menschen eine Qual. Klammeraffen loszuwerden bedeutet, sie dahin zurückzugeben wohin sie gehören. Die Kollegen werden davon nicht begeistert sein, entweder peinlich berührt ausweichen oder dies sogar offen ablehnen. Tanja müsste sich abgrenzen und durchsetzen. Sie müsste einen Konflikt eingehen. Dem steht ihr Beziehungsbedürfnis jedoch völlig entgegen. Sie könnte die Klammeraffen einfach freilassen, das heißt die gutmütig, aber unfreiwillig übernommenen Arbeiten nicht mehr machen. Verzögerungen bei Belieferungen der Kunden und entsprechende Reklamationen wären die vorhersehbare Folge. Tanja fürchtet dafür Kritik einstecken zu müssen. Gleichzeitig fühlt sie sich von ihrem Chef unwürdig behandelt und im Stich gelassen. Sie weiß nicht, wie sie sich dagegen wehren kann und wie sie aus dieser komplizierten Situation ohne Schaden zu nehmen wieder herausfindet. Sie wird von ihrem Chef nicht als Person gesehen und gewürdigt. Raum für gemeinsames Handeln ist nicht mehr vorhanden. Ihre Leistungsbereitschaft kann sich nicht mehr qualitätsgerecht realisieren. Ihr Bedeutsamkeitserleben nimmt ab. Ihr Selbstwert ist verletzt. Tanja fühlt sich in einer solchen Situation verloren, zieht sich zurück, wartet ab. Sie hofft auf unerwartete Lösungen und entwickelt möglicherweise sogar Selbstzweifel. Aufgrund solcher Erfahrungen entwickelt sie einen trotzigen inneren Satz: »Mit euch möchte ich nichts mehr zu tun haben, ihr braucht es auch gar nicht mehr zu versuchen.«

Die Überlastungsspirale dreht sich jedoch weiter. Je länger diese andauert, desto weniger traut sich Tanja, die negative Entwicklung aufzuhalten. Sollten Sie bei Tanja solche Signale erkennen, helfen Sie ihr, aus diesem Zustand wieder herauszufinden. Klären Sie die Verantwortlichkeiten. Sprechen Sie unbequeme Wahrheiten aus. Schützen Sie Tanja vor unvermeidlichen Konflikten. Geben Sie ihr wann immer erforderlich Rückendeckung. Zerstreuen Sie ihre Selbstzweifel und helfen Sie ihr, sich erneut mit Kollegen und Kunden zu verbinden. Tanja wird nach einem kurzen Moment des Prüfens Ihre Hilfe dankbar annehmen.

Menschen benötigen gemeinsames Handeln, um sich zu entfalten. Sie brauchen einen sicheren Wir-Raum. Einer, der auf einen ungewöhnlichen Lebensweg zurückblicken kann, der als Mister Universum, als Schauspieler und schließlich als Politiker erfolgreich war, also ein echter Selfmade Man, formuliert das so: »Ich bin kein Selfmade Man. Wenn ich diese Rolle annehmen würde, würde ich jeden, der mir auf diesem Weg geholfen hat und jeden Rat, den ich erhalten habe, einfach nur entwerten. Du kannst es ruhig zugeben, Du kannst das alles nicht alleine schaffen. Jedenfalls ich kann das ganz sicher nicht. Niemand kann das« [10].

Menschen möchten Lösungen

Eine kurze Anmerkung am Rande: Menschen verfügen über einen Problemlösungsinstinkt. Sie kennen folgende Situation sicherlich. Zwei Menschen unterhalten sich. Georg berichtet Lisa von einem Problem, das ihn beschäftigt. Er wünscht sich, dass ihm endlich einmal jemand in Ruhe zuhört. Während er noch sein Problem schildert, hat Lisa bereits eine Lösung gefunden. Sie unterbricht ihn und sagt: »Pass mal auf, das ist doch ganz einfach. Mach doch mal folgendes …« Menschen haben Mühe, zuzuhören, ohne sofort Lösungsideen zu entwickeln. Vielleicht hat sich Ihr Problemlösungsinstinkt bei den Fällen von Ludwig und Tanja bereits aktiviert und fragt jetzt: »Wie genau geht das? Wie soll ich mich verhalten? Welche Worte soll ich wählen? Was passiert, wenn …?« Möglicherweise denken Sie auch schon an eigene Situationen und suchen nach Lösungen. Sie fragen sich: »Kommt da noch etwas Konkretes?« Die Antwort lautet: »Ja, in Teil 3.«

Bevor wir zu den Themen Verhalten und Sprache kommen, schauen wir uns noch die weiteren Persönlichkeiten in ihren Konfliktzonen an.

09
Janina, die Leistungsorientierte

Je höher der Selbstwert, desto stabiler die Persönlichkeit. Je geringer der Selbstwert, desto empfindlicher der Mensch. Kleinste Störungen rufen dann heftigste Reaktionen hervor. Sie haben die folgende Situation sicherlich schon erlebt. Service-Hotline bei einem Mobilfunkanbieter. Nehmen wir eine leistungsorientierte Persönlichkeit an, die schnelle Lösungen erwartet und eine Tendenz zu Ungeduld aufweist. Sie hat sich durch den Anrufroboter hindurchgearbeitet und erhält endlich ein Tonsignal. Sie ist bereits genervt. Es dauert ihr zu lange. Von einem Telefon-Bot vorsortiert zu werden entspricht nicht Ihrem Empfinden von Service-qualität und Kundenorientierung. Das Tonsignal sorgt kurzzeitig für einen Moment der Erleichterung. Eine Stimme vom Band ertönt mit den Worten: »Ihr Anruf ist uns wichtig. Bitte bleiben Sie in der Leitung.« Ein Leistungsmensch verliert in diesem Moment die Geduld. Er fühlt sich zu einem Objekt einer undurchsichtigen Geschäftsmaschinerie degradiert und wird das Telefonat verärgert abbrechen. Eher wechselt er den Anbieter, als noch einmal diese Hotline anzurufen.

Leistungsmenschen haben oftmals einen sehr empfindlichen Selbstwert. Janina ist ein gutes Beispiel. Sie spricht schnell, bewegt sich schnell, redet nicht lange herum und kommt gerne direkt auf den Punkt. Sie will etwas leisten und, wenn ihr sich Hindernisse in den Weg stellen, wird sie schnell ungeduldig. Für ruhige Typen ist Janina nicht so geeignet. Sie braucht Action. Sie ist jedoch nicht selbstbezogen, sondern hat auch Spaß daran, Dinge mit anderen gemeinsam zu machen. Sie gibt gerne, beteiligt sich gerne, möchte mit ihren Beiträgen etwas zum Positiven verändern und sich daran freuen. Sie benötigt weniger emotionale Wertschätzung als Tanja. Anerkennung braucht sie hin und wieder aber auch, sonst hat sie das Gefühl, etwas falsch zu machen. Fast nichts ist frustrierender für eine leistungsorientierte Persönlichkeit als festzustellen, dass sie Fehler gemacht hat, sich in einer Sackgasse befindet und umdrehen muss.

Nehmen wir an Janina wurde immer zu besonderen Leistungen gedrängt. Ihr wurde eingeredet, dass nur beste Ergebnisse zählen und sie hat daraus die Überzeugung entwickelt, dass sie als Person anderenfalls nichts wert ist. Sie spielte Tischtennis im Verein. In einem Turnier wurde sie Zweite. Sie kam nach Hause und die Reaktion der Eltern war: »Warum bist du nicht Erste geworden?« Wenn sie aus der Schule mit einer Note »2« nach Hause kam, wurde sie gefragt, warum sie denn keine »1« geschafft habe. Nichts genügte, um die Anerkennung ihres Umfelds zu bekommen. Sie wurde als Individuum entwertet, die Zugehörigkeit zu einer sicheren Gruppe wurde ständig infrage gestellt, ihre Potentiale konnte sie nicht angstfrei entfalten. Ihr Bedürfnis, etwas Anerkennenswertes zu leisten, wurde nicht erfüllt. Statt ein starkes Gefühl der Bedeutsamkeit aufzubauen und einen stabilen Selbstwert zu entwickeln, zweifelte sie an sich selbst. Sie begann zu denken: Wenn ich nicht genüge, bin ich nichts wert. Leistungsmenschen resignieren dann. Sie reagieren jedoch nicht mit Passivität, sondern mit größeren Anstrengungen. Erhalten sie dennoch keine Anerkennung der ihnen nahestehenden Menschen, setzt eine Leistungs- und Frustrationsspirale ein. Diese überträgt sich auf andere Lebensbereiche, zum Beispiel auf das Arbeitsleben. Hier geschieht etwas Erstaunliches und oft Unerkanntes. Das Bedürfnis nach persönlicher Anerkennung und Zugehörigkeit wird auf das Arbeitsumfeld projiziert. Professionelle Rolle und persönliche Bedürfnisse werden vermischt. Der innere Scan der Kollegen und Vorgesetzten reagiert mit Verwirrung und Irritation. Die Menschen im Umfeld fühlen sich plötzlich – meistens unbewusst – für die persönlichen Anerkennungsbedürfnisse des anderen in die Verantwortung genommen. Sie fühlen sich dadurch bedrängt und in gewissem Sinne auch missbraucht. Sie spüren, dass sie zur Leinwand für einen fremden Heimatfilm geworden sind. Aus der Irritation entsteht Distanz bis hin zu Ablehnung. Die Bemühungen des Leistungsmenschen kehren sich ins

Gegenteil. Die Leistungs- und Frustrationsspirale dreht sich immer weiter.

Janina geht es ebenso. Sie strengt sich stets an, spricht und handelt schnell, nimmt sich kaum Zeit, anderen in Ruhe zuzuhören und verliert auf diese Weise immer mehr Kontakt zu ihren Kollegen. Statt Anerkennung und Wertschätzung erfährt sie Kritik und Ablehnung. Sie wird ungeduldiger, erledigt Aufgaben lieber selbst, als andere dabei einzubeziehen und macht am Ende unvermeidlich Fehler. Die Kritik nimmt zu. Die Frustration wächst. Gleichzeitig entwickelt auch sie einen fatalen inneren Satz: »Das kann doch nicht wahr sein. Euch werde ich es zeigen«. An dieser Stelle entsteht das konkrete Risiko eines Burnouts.

Sieben Stufen der Bedeutsamkeit

Die Grundlage für das Erleben eigener Bedeutsamkeit und eines starken Selbstwerts besteht für Menschen darin, mit anderen gemeinsam zu Handeln und dabei einen individuellen Beitrag zu leisten. Der Begriff Bedeutsamkeit bedarf einer genaueren Betrachtung und Klärung, weil er sonst wenig greifbar bleibt. Bedeutsamkeit lässt sich in sieben Stufen gliedern. Auch Janinas Zustand können wir darin wiedererkennen und einordnen. Dies gestattet eine genauere Selbstreflexion und schafft Handlungsoptionen.

Stufe 1 – Aufgeben
Die eigene Identität ist unklar. Weder übergeordneter noch individueller Sinn sind erkennbar oder fühlbar. Beziehungen zu anderen Menschen geben kaum Halt und sind instabil. Der Mensch fühlt sich einsam und

verloren. Er erlebt Selbstzweifel, hat kaum Kraft für
aktives Handeln und droht aufzugeben.

Stufe 2 – Sich Fügen

Bei allem Sinnmangel wird der Alltag als
unvermeidbar erlebt. Der Mensch glaubt er könne
nichts ändern und folgt dem Rhythmus der
Gleichförmigkeit. Konformität schafft einen Ersatz
für Orientierung, Sicherheit und Bedeutung.
Begrenzungen werden zu kleinen Lebensräumen. Er
fügt sich in die Gegebenheiten.

Stufe 3 – Empören

Das Alltagsleben wird als Zumutung empfunden. Der
betroffene Mensch vermeidet jedoch eine tiefere
Selbstreflexion, er wird stattdessen zum Klagenden.
Die Zumutung wird fremdattribuiert, im Zweifel sind
die anderen schuld. Alles was sich außerhalb des
eigenen, kleinen konformen Lebensraumes befindet,
wird beobachtet und bewertet. Es besteht die starke
Tendenz zu Entwertung und Ausgrenzung anderer.
Empörung dient der Selbsterhöhung und der
Kompensation des eigenen Bedeutungsmangels.

Stufe 4 – Suchen

Hier beginnen Nachdenken und Selbstreflektieren
und der Übergang vom Klagen zur Eigenverantwortung. Die eigenen Gestaltungsmöglich-
keiten werden exploriert. Je nach Potential und
Ressourcen werden unterschiedliche Wege und
Optionen sichtbar. Der Mensch erkennt die
Wahlmöglichkeiten zwischen Selbstoptimierung und
Kooperation. Eigennutz ist jedoch noch immer
vorrangig.

Stufe 5 – Gemeinsam Handeln

Die Erkenntnis, dass Eigennutz zu Abgrenzung und Konflikten führt und die Suche nach geordneter und verlässlicher Kooperation setzen ein. Verträge werden zu einem stabilisierenden Faktor der Lebensgestaltung. Gleichzeitig bleibt Unsicherheit bis hin zu Ohnmacht gegenüber Vertragsbruch und selbstbezogener Dominanz. Die Ambitionen der Menschen stoßen an Grenzen – auch an Grenzen der eigenen Zivilcourage.

Stufe 6 – Dienen

Die Erfahrung, dass Geben und einen eigenen Beitrag leisten, konstituierende Faktoren menschlichen Zusammenlebens sind, hat sich gefestigt. Vertrauen und Vertrauenswürdigkeit werden zu einem hohen Wert. Fähigkeiten und Selbstvertrauen, Verbindungen auch unter Belastungen aufrecht erhalten zu können, sind gewachsen. Die eigene Person wird in einen größeren Kontext gestellt. Die Sinnsuche geht über das Sichtbare und Materielle hinaus. In Ehrenamt und Philanthropie findet dies einen besonderen Ausdruck.

Stufe 7 – Transformieren

Leben im Sinne eines gemeinsamen Entfaltungsprozesses rückt in den Mittelpunkt der Selbstwahrnehmung. Innere Kräfte werden als stabiler Leitstrahl für den eingeschlagenen Weg empfunden. Wertvorstellungen entstehen aus eigener Erfahrungsreferenz. Sich selbst kontinuierlich zu erneuern und im Verbundensein mit anderen zu handeln, werden zu regelmäßigen transformatorischen Übungen. Der ichbezogene Überlebensmodus wird durch einen ausgewogenen Altruismus überwunden.

Janina pendelt zwischen den Stufen 2 – Sich Fügen, 3 – Empören und 4 – Suchen hin und her. Sie hat nicht aufgegeben, kämpft weiterhin um Anerkennung, Gesehenwerden und einen angemessenen Raum für die Entfaltung ihrer Fähigkeiten. Gleichzeitig befindet sie sich in einem sogenannten Drama-Dreieck, dessen Koordinaten aus den genannten drei Stufen besteht. Dieses Drama-Dreieck hält sie emotional gefangen. Um sich daraus zu befreien, muss sie innehalten und ihre Antriebsdynamik reflektieren. Beides fällt ihr nicht leicht und ist vor allem schmerzhaft. An dieser Stelle benötigt sie Unterstützung von außen. Wenn Sie ihr helfen möchten, geben Sie ihr den Impuls, sich in Ruhe selbst zu reflektieren. Spiegeln Sie ihr die Dynamik des Drama-Dreiecks. Seien Sie nicht zu sanft mit ihr. Das könnte missverstanden werden. Sie könnte denken, »Es ist ja alles nicht so schlimm«. Janina verträgt klare Worte, direkte Handlungen und Sie dürfen sie kraftvoll aufrütteln.

10
Heinrich, der Territoriale

Heinrich beansprucht Raum zum Ausdehnen. Er möchte Einfluss nehmen und geht nicht immer rücksichtsvoll mit anderen um. Heinrich löst mit diesem Verhalten unterschiedliche Reaktionen aus. Manche ordnen sich ihm unter, weil sie sich in seiner Gegenwart sicher fühlen. Bei anderen eckt er an, weil sie sein dominantes Verhalten als Einschränkung empfinden. Wieder andere, wahrscheinlich die meisten, fürchten sich vor Auseinandersetzungen mit ihm und weichen aus. Für Heinrich teilen sich folglich Menschen in drei Gruppen: die, die ihm folgen, die ihm entgegenstehen und die Weicheier. Er erlebt sich dadurch weniger als Teil eines Kooperationsprozesses, sondern als Anführer in eigener Sache. Das macht gemeinsames Handeln mit ihm schwierig und erzeugt Widerstände.

Möchten Sie mit Heinrich gedeihlich zusammenleben, ist es wichtig, einen Raum für echtes Miteinander zu schaffen. Nicht einen Raum, den er alleine besetzt, sondern einen, den er mit Ihnen teilt. Dies erfordert Ihrerseits, diesen Raum immer wieder sichtbar zu machen und ihn auch selbst immer wieder für Heinrich erkennbar zu beanspruchen und zu füllen. Er muss in diesem Zusammenhang lernen, Räume mit anderen zu teilen. Mit dem Begriff Raum ist kein äußerer Raum gemeint, sondern der gefühlte Erlebensraum, den Sie für sich und Heinrich geschaffen haben. Gefühlte Räume sichtbar und erlebbar machen, erfordert Präsenz, Handeln, miteinander reden und manchmal auch verhandeln. Die Verhandlungsergebnisse müssen Sie immer wieder aufrechterhalten und einfordern. Dies ist ein ständiger Prozess. Gelingt dies, kann er zusammen mit Ihnen seine Potentiale entfalten und gleichzeitig erkennen, dass Kooperation noch größere Räume zu eröffnen vermag. Ein Beispiel dafür finden Sie, wie versprochen, in Teil 3, Kapitel 14, Sigi und Heinrich.

Hat er solch eine kooperative Erfahrung aber bisher nie erlebt, sondern im Gegenteil eher Ablehnung und Konflikt erfahren, dann kämpft Heinrich fortdauernd um seine Bedeutsamkeit und gegen Kontrollverlust. Er manövriert politisch, sucht sich Verbündete, wartet auf Fehler bei Gegnern und bekämpft sie dann. Die Sache steht nicht mehr im Mittelpunkt, sondern wird Mittel zum Zweck der Bedeutungs- und Selbstwertsicherung. Eine negative

Dynamik entsteht auch hier. Je mehr Heinrich politisch manövriert, desto undurchschaubarer werden die Interaktionen. Je undurchschaubarer die von ihm kreierten Szenarien werden, desto mehr baut sich Heinrich Wagenburgen auf, um zu verhindern, dass andere hinter die Kulissen schauen können. Die konfliktbezogenen Anstrengungen nehmen zu. Seine Bedeutung und seinen Selbstwert schöpft er am Ende nicht aus dem, was er konstruktiv beiträgt, sondern aus der Qualität seiner Durchsetzungsstrategien. Diese führen aber immer auch zu Widerstand von anderen. Die Gegner werden Heinrich auf diese Weise nie ausgehen.

Wer den Selbstwert von Heinrich angreift, erntet Kampf. Sein fataler innerer Satz lautet: »Dich bekämpfe ich«. Ein solcher Kampf hat am Ende nur Verlierer. Vielleicht wird es Ihnen nicht gelingen, Heinrich vollständig aus dieser Dynamik zu lösen. Sie können aber erreichen, dass er in Ihnen keinen Gegner sieht, sondern einen Partner – und dass er nicht gegen Sie kämpft. Stellen Sie sich ihm in den Weg, halten Sie die Spannung kurz aus [Sie erinnern sich: Rein – Ran – Raus] und sagen Sie ihm drei Sätze: »Ich sehe, du bist ein harter Brocken. Und ich sehe, dass du einen großen Beitrag leisten kannst. Die Welt ist groß genug für uns beide.« Tief im Inneren wird er erleichtert sein, dass er in Ihnen einen Weggefährten gefunden hat. Er wird es aber nur ungern offen zugeben.

11

Susan, die Innovative

Susan liebt ihre Freiheit, ihre Einzigartigkeit und ihren Ideenreichtum. Es ist leicht, sie glücklich zu machen. Fragen Sie einfach: »Was gibt's Neues? Hast du neue Ideen? Hast du etwas Neues entdeckt?« Sie wird sich darüber freuen, dies alles mit Ihnen zu teilen. Wird sie jedoch eingeschränkt oder sogar entwertet, empfindet sie dies als Bedrohung ihrer Freiheit bis hin zu Zwang. Zuerst versucht sie dann, neue Wege zu finden, über die sie sich ausdrücken, mitteilen und beteiligen kann. Wird ihr das verwehrt, beginnt sie um ihre Freiheit zu kämpfen. Gelingt auch das nicht, entsteht in ihr der trotzige Satz: »Ihr seid mir alle zu angepasst. Ich mache jetzt mein eigenes Ding.« Dann geht sie und sucht sich neue Denk- und Handlungsräume und vor allem neue Gesprächspartner. Schade und unnötig. Es kommt aber immer wieder vor, weil Susan nur zu einer kleinen Gruppe von Menschen gehört und andere nur mit Mühe Ähnlichkeitsgefühle zu ihr aufbauen. Daraus entstehen Irritation und Unverständnis bis hin zu Distanz und Ablehnung. Sie wird am Ende für eine Chaotin gehalten. Das interessante Potential, das in ihr schlummert, wird übersehen.

Der erste Schritt

Widersprüche und Empfindlichkeiten der Menschen machen artgerechten Umgang zu einer ständigen Herausforderung. Potentiale entfalten sich durch Kooperation. In ihrer ganzen Fülle werden sie erst sichtbar, wenn unterschiedliche Menschen gemeinsam denken und handeln. Unterschiede führen jedoch in den meisten Fälle zu instinktiver Vorsicht. Aus dieser Vorsicht entstehen häufig Abgrenzung und Ablehnung bis hin zu fatalen Selbstwertverletzungen. Kooperation wird dadurch erschwert oder sogar verhindert.

Vermutlich geht es vielen Mensch so wie der leistungsorientierten Janina. Sie pendeln zwischen sich fügen, empören und suchen. Sie geben nicht auf, kämpfen um Anerkennung, Gesehenwerden und einen angemessenen Platz zur Entfaltung ihrer Fähigkeiten. Gleichzeitig befinden sie sich in einem Teufelskreis. Wer diesen Teufelskreis durchbricht und sich zur fünften Stufe der Bedeutsamkeit heraufarbeitet, wird mit der Entfaltung seiner Potentiale belohnt. Hier erkennt er, dass Eigennutz zu Abgrenzung und Konflikten führt und macht sich auf die Suche nach Wegen zu geordneter und verlässlicher Kooperation. Dies ist ein sehr ambitioniertes Streben, weil damit immer auch einhergeht, sowohl eigene als auch Widerstände anderer zu überwinden. Der Mensch wird dies nur erreichen, wenn er bereit ist, den ersten Schritt zu machen. Immer wieder. Mit diesen ersten Schritten ist verbunden, die fatalen inneren Sätze sichtbar zu machen und aufzulösen.

Ordnung: »Dir werde ich es noch beweisen.«
Beziehung: »Dich meide ich ab jetzt.«
Leistung: »Dir zeige ich es.«
Territorium: »Dich bekämpfe ich.«
Innovation: »Ich mache jetzt mein eigenes Ding.«

In der Folge wird ein achtsamer Umgang mit Selbstwert und Würde möglich – für andere und auch für sich selbst. Am besten erfolgt dieser erste Schritt möglichst frühzeitig, bevor Verletzungen des

Selbstwerts eskalieren. Solche Dynamiken nehmen ihren erkennbaren Anfang häufig mit einem Mehr-vom-Gleichen-Verhalten. Sie haben diese Szene bestimmt schon oft erlebt. Ein Mensch in Eile kommt an einen Fahrstuhl. Er drückt den Knopf. Bei älteren Fahrstühlen gibt es keine weiteren Signale. Er weiß also nicht, ob der Fahrstuhl kommt oder nicht. Was macht dann ein Mensch in Eile? Er drückt den Knopf noch einmal, aber fester. Und das immer wieder. Ist das für irgendetwas nützlich? Nein. Weiß der Mensch das? Ja. Er macht es trotzdem. Empathie und Selbstreflexion sind unter dem gefühlten Zeitdruck teilweise eingeschränkt. Der Autopilot wird aktiviert. Irrationales Verhalten soll den Gefühlsstau ableiten. Sinn macht das nicht, aber niemand kann das dauerhaft unterdrücken. Dieses Verhaltensmuster finden wir bei allen Persönlichkeiten.

Der Ordnungstyp wird noch genauer, noch detaillierter, noch kritischer und noch weniger geneigt, sich mit anderen zu verbinden und auszutauschen. Sein kritischer Geist wird zur Waffe – »Dir beweise ich es jetzt.«

Der Beziehungstyp zieht sich in seine Peer-Gruppe zurück, beschwichtigt andere, macht abwartend weiter wie bisher. Gleichzeitig entwickelt er eine trotzige Abwehr. Am Trotz erkennt man den im Selbstwert verletzten Beziehungsmenschen. Eskaliert ein Konflikt extrem und würde sein Gegner untergehen, würde er vermutlich wegschauen – »Mit dir möchte ich nichts mehr zu tun haben. Dich meide ich ab jetzt.«

Der Leistungstyp wird immer schneller, immer direkter und immer ungeduldiger. Für die Suche nach gemeinsamen Lösungen und Kompromissen hat er keine Zeit und keine Motivation mehr. Er kann nicht mehr innehalten. Mögliche Kooperationspartner verliert er durch sein Tempo – »Euch zeige ich es.«

Der Territoriale übernimmt den Interaktionsraum, versammelt Verbündete um sich und erhöht die Kontrolle. Er wirft einen Schatten, in dessen Bereich kaum jemand mehr wachsen kann. Eskalieren Stress und Konflikt, beginnt ein Kampf, für den es kaum noch Kompromisslösungen gibt – »Dich bekämpfe ich.«

Der Innovative macht mehrere Dinge gleichzeitig. Er produziert neue Ideen und kämpft gegen Zwänge. In diesem Spannungsfeld beginnt er hysterisch und orientierungslos hin und her zu pendeln. Bis er genug hat. Dann geht er. Freiheit siegt – »Ich mache jetzt mein eigenes Ding«.

Für Mehr-vom-Gleichen gibt es ein interessantes Beispiel aus der Wirtschaft und einen Comedy-Sketch. Der Sketch: Zwei Schotten in einem Fahrstuhl mit Spracherkennung. Sie finden diesen Sketch unter YouTube „burnistoun voice recognition elevator".

Das Beispiel aus der Wirtschaft: Die Mercedes-Benz S-Klasse W140 – die »Helmut-Kohl-S-Klasse« – von 1991. Führungskräfte beginnen ihre Laufbahnen immer als Experten. Sie werden dann zu Teamleitern. Aus Teamleitern werden Abteilungsleiter. Aus Abteilungsleitern werden Bereichsleiter und so weiter. Manche schaffen es vom Azubi bis zum Vorstands-vorsitzenden. Häufig verfügen solche Menschen über eine Persönlichkeitsstruktur mit den Anteilen Territorium, Ordnung und Leistung. Solch eine Persönlichkeit verantwortete den W 140. Er stand kurz vor dem altersbedingten Ausscheiden aus dem Unternehmen. Die Rente stand vor der Tür. Ein territorialer, ordnungs- und leistungsorientierter Mensch, seit etwa 40 Jahren im Unternehmen und kurz vor dem Ruhestand, was geht in einem solchen Menschen vor? Sagt er sich: »Prima, endlich ist es vorbei, endlich Freizeit?« Nein, wohl kaum. Wahrscheinlicher ist es, dass sich Unbehagen und Furcht in ihm ausbreiten, Furcht vor der nahenden Bedeutungslosigkeit. Ein solcher Mensch möchte über seine Zeit hinauswirken. Er möchte sich unsterblich machen. Er möchte sich selbst ein Denkmal setzen. Er entwickelt ein Fahrzeug wie den W 140. Nicht die Kunden oder der Markt standen hierbei im Fokus, sondern nur er selbst. Was sagten alle anderen? Nichts. Sie applaudierten. Niemand wagte es, sich diesem Mann entgegenzustellen. Territorium, Ordnung, Leistung. Besser nicht widersprechen. Lebensgefahr.

Der W 140 war ein Gigant. Groß. Trutzig. Protzig. Über 5 Meter lang, fast 1,90 Meter breit, 1,50 Meter hoch und 2 Tonnen schwer. Die ersten Fahrzeuge passten wegen der Breite nicht auf Autoreisezüge. Mit vier Personen an Bord erreichte er sein zulässiges Höchstgewicht. Eben Mehr vom Gleichen. Selbst deutschen Mercedesfahrern war dieses Fahrzeug peinlich. Die Verkaufszahlen sanken dramatisch und erholten sich auch mit dem Nachfolgemodell nicht so schnell. Heute ist es aus dem Straßenbild fast vollständig verschwunden. BWM feierte wahrscheinlich eine Riesenparty.

Sie haben nun fünf Persönlichkeitstypen in unterschiedlichen Kombinationen kennengelernt. Zwischen authentischem Modus und Konfliktmodus können Sie unterscheiden. Selbstwertverletzungen können Sie wahrnehmen und einordnen. Sie wissen, dass Menschen ein ausgeprägtes Bedeutungsempfinden haben und sich wünschen, ihre

Fähigkeiten und Potentiale im Zusammenwirken mit anderen zu entfalten. All das möchten Sie den Menschen, die Ihnen nahe sind, ermöglichen. Die Frage, die noch unbeantwortet ist, lautet: Wie genau geht das?

In diesem Zusammenhang gibt es oft eine Befürchtung. Was mache ich, wenn mir der Mensch mit Abwehr und Widerstand begegnet? Manche neigen dann dazu, den Menschen umzutauschen. Das löst das Problem nicht, sondern verlagert es nur auf jemand anderen.

Umtausch ausgeschlossen.

Teil 3
Wie Sie Menschen artgerecht ansprechen

Das übergeordnete Ziel lautet: Aktivieren der sechs Stärken, verbinden und kooperieren, entfalten der Potentiale. Wie geht das?

In Teil 1 stand die Interaktionsstrategie im Vordergrund, den Menschen zu lesen und Ähnlichkeit mit ihm herzustellen.

In Teil 2 ging es darum, Menschen aus Stress, Konflikt und Widerstand zu lösen und sie zurück in ihre authentische Komfortzone zu führen.

Im dritten Teil geht es um die Wahl der richtigen Worte und des wirksamen Verhaltens.

12
Worte als Werkzeug

Um in das Bewusstsein unseres Gesprächspartners zu gelangen, müssen wir zuerst sein Radar passieren. Dafür haben wir nicht viel Zeit. Menschen benötigen für einen ersten Scan nicht mehr als 150 Millisekunden [2]. Gönnen wir uns etwas mehr Zeit, die ersten 5 Minuten. In diesem Zeitraum können Sie folgende Signale senden:

01. Ich bin präsent

Also Handy weglegen. Nicht rumdaddeln. Nicht ständig auf die Uhr schauen. Nicht gedanklich woanders sein. Kein Multitasking, bitte. Positiv gesagt: volle Aufmerksamkeit dem Menschen, der sich Ihnen gegenüber befindet.

02. Ich sehe Dich

Das heißt nicht, dass Sie Ihr Gegenüber anstarren sollen oder es von oben bis unten mustern. Sie nehmen seine Persönlichkeit wahr und vermitteln das durch die Auswahl der richtigen Worte.

03. Ich bin kooperativ und bereit, mit Dir zu teilen

Sie zeigen das, indem Sie sich mit Ihrem Gegenüber austauschen, ohne eine Gegenleistung zu verlangen. Über Leistungen und Gegenleistungen unterhalten Sie sich später, nachdem Sie beide wechselseitig Ihre jeweiligen Scans passiert haben.

04. Ich interessiere mich für Dich als Person und nicht [nur] für einen Nutzen

Lernen sie den anderen kennen. Seien Sie neugierig. Es gibt drei magische Fragen, die in diesem Zusammenhang immer richtig sind:

- Was geht Dir durch den Kopf? Was hast Du für Gedanken und Befürchtungen?
- Was ist Dir wichtig?

- Wie sehen Deine gegenwärtigen Lebens- oder Arbeitsbedingungen aus?

05. Ich bin wertschätzend

Folgendes Missverständnis können Sie leicht vermeiden. Viele denken, Wertschätzung bedeutet, dem anderen zu sagen, wie toll man ihn findet, was er Großartiges geleistet hat, wie schick seine neue Krawatte aussieht. Wertschätzung bezieht sich nicht primär darauf was ein Mensch kann, was er leistet oder wie er aussieht. Das ist leicht nachvollziehbar, wenn wir für einen kurzen Moment in die Rolle von Mark schlüpfen. Er arbeitet im Service-Center eines Internet-Händlers. Sein Chef kommt öfter bei ihm vorbei und ruft ihm dann immer etwas Nettes zu.

»Hey, Mark, toll gemacht.«
»Ich muss dir heute mal ein Lob aussprechen.«
»Mensch, Mark, auf dich kann ich mich immer verlassen.«
»Du machst das immer super.«
»Weiter so.«

Natürlich hat Mark sich am Anfang darüber gefreut. Nach einer Weile schaltete sein innerer Scan eine Stufe herauf und wurde genauer. Mark begann zu zweifeln. Sieht der Chef MICH oder sieht er nur SICH selbst? Redet er mit MIR oder führt er eigentlich nur Selbstgespräche?

Echte Wertschätzung erlebt Ihr Gegenüber, wenn es spürt, dass Sie es als individuelle Person sehen. Alles andere, wie Pünktlichkeit, Sauberkeit und

Leistung, sind sekundär für das Gehirn von Menschen. Mark möchte lieber folgendes hören:

»Hey Mark, ich habe gesehen wie du diesen verärgerten Kunden mit drei Sätzen in ein echtes Gespräch geholt hast. Das war cool.«

»Ich merke, wie wichtig dir der Mensch hinter dem Kunden ist. Das ist nicht selbstverständlich. Vielen Dank.«

06. Ich bin transparent

Ich lasse mich leicht lesen. Ich verberge nichts. Was Du siehst, ist das, was Du bekommst.

07. Wir sind uns ähnlich

Sprechen Sie an, was Sie im anderen sehen. Verwenden Sie dafür die passenden Worte, ein ähnliches Tempo und eine ähnliche Stimmung. Auch wenn Sie beide unterschiedlich sind, zeigen Sie dem anderen, dass Sie schätzen, wie er ist und dass Sie Brücken bauen, auf denen Sie sich treffen können. Anfänglich begegnen Sie sich nur auf diesen Brücken. Später laden Sie sich wechselseitig auf Ihre jeweiligen Seiten ein und zeigen dem anderen Ihre Welt. Jetzt entstehen neue gemeinsame Räume. Jetzt beginnt die Entfaltung von Potentialen.

08. Für Dich habe ich etwas mitgebracht

Nun können Sie Ihre inhaltlichen Angebote und den Nutzen für den Gesprächspartner vermitteln.

09. Ich denke zuerst an Dich

Beginnen Sie Interaktionen immer aus der Sicht des Gegenübers. Was ist IHM wichtig? Was ist SEIN Nutzen? Sprechen Sie am Anfang nicht über Dinge, die Sie selbst am meisten interessieren, sondern über solche, die dem anderen wichtig sind. Erst dienen, dann verdienen.

10. Du kannst Dich auf mich verlassen

Zeigen Sie dem anderen, dass Sie Ihre Versprechen einlösen. Zeigen Sie ihm, dass Sie morgen auch noch da sind. Das Ganze vermitteln Sie durch adäquate Sprache.

Ein Beispiel, wie Sie einen neuen Kontakt Schritt für Schritt entfalten können: Ein Reisender steigt in einem kleinen Landgasthof in der Nähe einer Großstadt ab. Dort hat er hin und wieder Termine, findet aber nicht immer ein preisgünstiges Hotel, weil oft Messen stattfinden und Hotels dann »Messepreise« verlangen [Hotelmanager haben von dem Scan und wie man Vertrauen aufbaut wahrscheinlich noch nie etwas gehört]. Der Landgasthof wird von der Inhaberin selbst geführt. Sie holt den Gast vom Parkplatz ab, hat seine Ankunft registriert und ist ihm sofort entgegengekommen. Sie begrüßt ihn mit folgenden Worten: »Ich komme Ihnen entgegen und hole Sie ab. Herzlich Willkommen.«
Klare Worte, akkurat und höflich vorgetragen. Nach einigen wechselseitigen Begrüßungsworten fährt sie fort: »Ich gehe voraus und Sie folgen mir einfach. Dort ist der Eingang, da werde ich Sie gleich

einchecken.« Im Empfangsraum sagt sie: »Sie stellen sich bitte hierher. Ich gehe um den Tresen herum und checke Sie dann ein.« Alles akkurat. Nach den üblichen Erklärungen fügt sie noch hinzu: »Sie können bei mir auch essen. Ich koche selbst. Um 20.00 Uhr. Es kann auch 15 Minuten später sein. Ich muss es nur vorher wissen. Möchten Sie das?«

Was weiß der Gast nach diesen ersten Minuten? Es handelt sich um eine Dame mit einem hohen Ordnungsanteil. Sie ist akkurat, höflich, verantwortungsbewusst, liebt Struktur und klare Abläufe. Sie hat auch einen Beziehungsanteil, der sich um den Gast sorgt und möchte, dass es ihm gut geht. Der Gast weiß jetzt, hier kann er sich entspannen, der Aufenthalt wird angenehm, er muss sich nur ordentlich benehmen.

Natürlich nimmt er das Essensangebot an. Das Essen und der Service sind vorzüglich. Die Dame kommt an den Tisch und fragt, ob alles in Ordnung war. Jetzt kommt der Moment, den Scan der Dame zu passieren. Er findet die folgenden Worte:

»Ich lege mal mein Handy zur Seite.«
Die Dame reagiert mit einem kurzen Moment der Überraschung.
»Ich sehe, Sie haben einen ganz besonderen Sinn für Details.«
Die Dame reagiert mit einem erleichterten Seufzer und einer inneren Freude für diese Anerkennung.
»Die Auswahl der Zutaten, die Beilagen, das hat alles wunderbar gepasst. Mein Eindruck ist, Sie haben sich da wirklich sehr viele Gedanken gemacht.«
Glückliche Zustimmung.
»Ganz fein. Vielen Dank.«
Noch mehr Glück.

Lässt sich das überhaupt noch steigern?

Ja.

»Wissen Sie was? Mein Eindruck ist, dass das nicht jeder sieht. Ich vermute, die meisten haben nicht den Sinn für diese kleinen aber feinen Details.«

Tiefe seufzende Zustimmung.

In weniger als fünf Minuten ist jetzt ein feine Beziehungsbrücke entstanden. Die Dame setzte sich zum Gast und es begann ein längeres Gespräch. Ein schöner Austausch. Jeder berichtete dem anderen von seiner Welt. Persönlich, aber nicht zu persönlich. Immer noch von Rolle zu Rolle. Von Hotelier zu Gast. Ein perfekter Moment. Dafür gibt es eine einfache Formel:

Hinsehen + Einordnen + Worte finden + Ansprechen + Austauschen = Kontakt.

Dies gilt für alle Bereiche des Lebens.

Sommer. Shopping Outlet. Lange Schlange an einem Imbissstand und eine Verkäuferin, die sichtlich mit ihren Nerven fertig ist. Sie ist mürrisch und nervös. Eine Dame kommt endlich dran, um eine Flasche Mineralwasser zu kaufen.

Verkäuferin: [Mürrisch] »Die nächste bitte.«
Kundin: »Ich sehe Sie haben heute aber auch einen harten Tag erwischt.«
Verkäuferin: [Überraschung]
Kundin: »Das ist bestimmt nicht einfach für Sie bei diesem Andrang heute. Respekt.«
Verkäuferin: [Seufzende Zustimmung]
Kundin: »Ein Wasser bitte.«

Der letzte Satz der Verkäuferin:

> »Sie haben mir heute den Tag gerettet.«

Der nächste in der Schlange wurde gleich etwas freundlicher bedient. Wer weiß, wozu das gut war. Vielleicht wurde gerade im letzten Moment eine Eskalation vermieden. Vielleicht hätte die Verkäuferin beim übernächsten Kunden die Fassung verloren, einen Streit ausgelöst und dadurch womöglich ihren Job verloren. Wir werden es nie erfahren. Das ist eine der großen Herausforderungen, wenn wir negative Spiralen unterbrechen. Wir wissen nie, was gewesen wäre, wenn. Wir müssen lernen, zu handeln, ohne etwas Bestimmtes zu erwarten. Wir werfen einen Stein ins Wasser, warten neugierig auf die Wellen und surfen sie dann mutig ab. Dabei haben wir immer einen Kompass: Kooperation und Entfaltung unserer Potentiale. Gemeinsam. Das ist immer richtig.

Ein weiteres Beispiel: Die Leiterin einer Kindertagesstätte führt ein Gespräch mit einer Mitarbeiterin, die überfordert und offensichtlich mit ihren Kompetenzen an eine Grenze gelangt ist. Das nennt man unter Menschen: Kritikgespräch. Die Leiterin macht das aber anders. Ihr Ziel: Kooperation und Entfaltung der vorhandenen Potentiale.

Nach wenigen Minuten des Gesprächs liegen die Mängel klar auf dem Tisch. Ein anderer Vorgesetzter hätte die Mitarbeiterin jetzt vermutlich abgemahnt oder gleich entlassen. Mit folgendem Satz wird die Weiche in Richtung Kooperation gestellt:

Leiterin: »Wir haben jetzt alles offen angesprochen. Es liegen verschiedene Dinge auf dem Tisch. Woran knüpfen wir jetzt an? Ich möchte dazu einen Vorschlag machen. Ist das in Ordnung?«

Mitarbeiterin: [Ängstliche Zustimmung]
Leiterin: »Ich habe einiges Gutes gesehen, und zwar drei Dinge. Daran würde ich jetzt gerne anknüpfen. Ist das in Ordnung?«
Mitarbeiterin: [Erleichterte Zustimmung]

Die ersten fünf Minuten sind der Raum, in dem sich Wunder entfalten können, der Raum, in dem Kontakt zwischen Menschen entsteht. Diese Wunder beginnen mit uns. Woran können wir die Qualität des Kontakts erkennen? Mit Hilfe des Kontakt-Thermometers machen wir diesen etwas diffusen Begriff greifbarer.

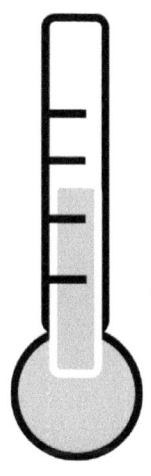

30° Freundschaft

27° Vertrauen und Partnerschaft

24° Wertschätzung und Respekt

21° Austausch und Sympathie

18° Person und Interesse

15° Funktion und Nutzen

12° Wenn es sein muss

Die einzelnen Gradzahlen lassen sich wie folgt beschreiben:

12° Wenn es sein muss

Jemand weiß, dass er eine andere Person oder deren Leistung braucht, er empfindet das aber als unangenehm. Wenn er könnte, würde er es vermeiden. Das kann er aber nicht. Und weil es sein muss, lässt er sich auf die Interaktion ein – z.B. Anruf bei der Hotline eines Mobilfunkanbieters.

15° Funktion und Nutzen

Jemand sieht sein Gegenüber in dessen funktionaler Rolle, aber nicht als Person. Für die Person interessiert er sich nicht. Im Vordergrund steht der Nutzen oder die Notwendigkeit, die mit der Funktion einhergeht – z.B. ein Taxifahrer. Die Person bleibt austauschbar.

18° Person und Interesse

Hinter dem funktionalen Nutzen oder der Notwendigkeit wird die Person sichtbar. Ein leichtes Interesse entsteht. Es ist aber noch schwach und kann jederzeit enden – z.B. ein Taxifahrer, mit dem man sich gut unterhalten hat und der außerdem schnell und zielsicher gefahren ist. Er überreicht seine Visitenkarte. Würden Sie ihn beim nächsten Mal wieder anrufen? Vielleicht. Das Gefühl der Austauschbarkeit nimmt ab.

21° Austausch und Sympathie

Neben der Sachebene tritt die Person in den Vordergrund. Es ist echtes Interesse entstanden. Man möchte mehr von der anderen Person erfahren und sucht persönlichen Austausch. Sympathie entsteht.

24° Wertschätzung und Respekt

Es wurden wechselseitig tiefergehende und wichtige Erfahrungen gemacht, mit denen auch persönlicher Gewinn verbunden war. Das Gegenüber wird als Person und Interaktionspartner geschätzt. Durch die Erfahrungstiefe ist Respekt entstanden. Die Beziehung beginnt wichtig zu werden.

27° Vertrauen und Partnerschaft

Die Erfahrungstiefe und die Gemeinsamkeiten haben zugenommen. Es ist Vertrauen entstanden, das sich nicht nur auf die Funktionserfüllung bezieht, sondern insbesondere auf die Person. Diese wird als verlässlicher Partner wahrgenommen.

30° Freundschaft

Die Funktionserfüllung tritt in den Hintergrund. Die persönliche Beziehung ist wichtig geworden und hat Vorrang. Eine Freundschaft ist entstanden.

Betrachten wir die Beziehung zur Hotelmanagerin, zur Verkäuferin am Imbissstand und zur Mitarbeiterin der Kindertagesstätte und bewerten wir die Qualität des Kontakts mit Hilfe des Kontakt-Thermometers. Versuchen Sie dies einmal selbst, bevor Sie weiterblättern.

Hier eine mögliche Einordnung:

Hotelmanagerin: 22° – 23°

Der Kontext und die damit verbundene Kontaktintensität ermöglichen schnelles Kennenlernen über die reine Geschäftsabwicklung hinaus. Durch bewusst wertschätzende Interaktion seitens des Hotelgastes wurde der Kontaktgrad deutlich angehoben.

Verkäuferin: 17° – 18°

Aufgrund der kurzen Kontaktzeit und des begrenzten Kontextes bleibt der Kontaktgrad niedrig. Es sind jedoch die Personen wechselseitig sichtbar geworden. Eine kurze, aber wertschätzende und damit nachwirkende Interaktion wurde möglich.

Mitarbeiterin: 19° – 20°

Die gemeinsame Arbeit in der Kita führt zu einer hohe Kontaktfrequenz, gleichzeitig bleiben beide Gesprächspartner aufgrund ihrer hierarchischen Zuordnung und des kritischen Leistungsthemas in ihren funktionalen Rollen. Es wurde gleichwohl versucht, den persönlichen Seiten mehr Raum zu geben. Ein Anfang wurde gemacht. Diese neue Beziehungsebene ist aber noch nicht stabil. Sie kann jederzeit wieder verloren gehen.

Um eine Gradzahl über 24° zu erreichen, sind positive gemeinsame Erfahrungen erforderlich, die den Vertrauens-Scan passiert haben. Dafür braucht es Zeit und passende Situationen.

Jemand könnte einwenden, dass ihm solche Sätze, wie in den oben beschriebenen Beispielen, nie einfallen würden, dass er nicht schlagfertig genug sei. Die Sorge ist unbegründet. Hinter den genannten Sprachbeispielen steckt eine Struktur, die jeder erlernen kann.

Hinsehen – Einordnen – Worte finden – Ansprechen – Reaktionen wahrnehmen und einordnen – Dranbleiben und weiter austauschen.

Menschen, die wissen, wohin sie sehen sollen, erkennen plötzlich Dinge, die ihnen vorher entgangen sind. Auch die passenden Worte lassen sich dann leicht finden. Sie werden das sofort merken. Der Haken an der Sache ist folgender: Menschen trauen sich manchmal nicht, diese Worte auszusprechen. Das ist ein erstaunliches Phänomen. Dazu befragt, geben sie dann oft diese Antworten.

»Ich kenne den anderen doch gar nicht genug, um ihn so direkt anzusprechen.«
»Ich möchte dem anderen nicht zu nahe treten oder unhöflich erscheinen.«
»Ich befürchte, die Situation dadurch noch zu verschlimmern.«
»Ich weiß nicht was dann passiert, wenn ich Dinge ausspreche.«
»Ich möchte nichts auslösen, was nicht meinen Absichten entspricht.«

Menschen befürchten, dass sie etwas Unkontrollierbares auslösen, wenn sie Dinge klar ansprechen. Sie fürchten sich vor dem Ungewissen und möchten Konflikte vermeiden. Das ist deshalb erstaunlich, weil es in der Realität dieser Menschen meistens gar keine konkreten Anlässe für diese Sorge gibt. Wenn Sie zum Beispiel einen detailorientierten Ordnungsmenschen treffen und ihn ansprechen: »Ich sehe, Sie haben einen Blick für die Details«, kann der andere nur auf eine einzige Weise reagieren. Er freut sich. Das Gehirn reagiert auf Ich-sehe-Dich-Signale immer mit einem Ja. Immer.

Manche fragen an dieser Stelle: »Ist das nicht schleimig?«. Es ist schleimig, wenn Sie sich schleimig verhalten. Das merkt der andere aufgrund seines feinen Scans und fühlt sich manipuliert. Auch wenn jemand sich seines feinen Scans nicht bewusst ist, funktioniert diese Wahrnehmung. Er kann nicht benennen was ihn irritiert, aber er fühlt die Störung. Es ist nicht schleimig, wenn Sie authentisch interessiert sind. Dann fühlt sich der andere wahrgenommen. Alles hängt von Ihrer inneren Haltung ab. Ein Ja-Wort erhalten Sie also nur dann, wenn Sie ein lupenreines Ich-sehe-Dich-Signal senden. Lupenrein bedeutet, präsent, respektvoll, mit der Aufmerksamkeit ganz beim anderen und zwar bei seinen identitätsstiftenden Merkmalen zu sein. Vor allem mit echtem Interesse am anderen.

Würden Sie dem Ordnungsmenschen sagen: »Ich sehe, Sie tragen eine Krawatte mit wirklich witzigen Farben«, wäre das Gehirn des Ordnungsmenschen für einen kurzen Moment irritiert. Es würde sich fragen, warum sagt der das jetzt? Der Scan würde weiterlaufen und zwar noch etwas genauer. Das kostet Extraenergie und stört. Den Ordnungsmenschen so anzusprechen wäre eine kleine Ungenauigkeit, die aber fast unweigerlich in eine Sackgasse führt. Würden Sie denselben Satz einem Innovations-menschen sagen, würde dieser sich freuen. »Lupenrein« bedeutet, die Signale, die man ansprechen möchte, erst einmal zu sortieren. An oberster Stelle stehen die Signale, die etwas mit der Identität des anderen zu tun haben. Das sind die primären Signale. Alle anderen Signale, wie zum Beispiel Kleidung, Auto, Freizeitbeschäftigungen, sind sekundär und kommen in der Rangfolge danach. Eine bunte Krawatte ist für einen Innovatoren ein Ausdruck seiner kreativen Persönlichkeit. Für einen Ordnungsmenschen ist es hingegen eher der mutige Versuch, Grenzen zu überschreiten. Passendere Sätze wären diese:

»Ich kenne Sie als sehr korrekten Menschen.«
»Ja, das stimmt.«
»Und jetzt sehe ich, dass Sie sich an bunte Farben wagen. Mutig und schick. Respekt.«
»Ja, nicht wahr, das finde ich auch. Vielen Dank.«

Der Wurm muss nicht dem Angler schmecken, sondern dem Fisch. Und wir verwenden keine Haken, sondern freundlich ausgestreckte Arme. Das ist ein gutes Stichwort, um mit dem Mythos Small Talk aufzuräumen. Es gibt kein »one-size-fits-all«. Es gibt also nicht den einen alleingültigen Small Talk. Der Begriff ist überdies nicht gut geeignet, um seine Bedeutung darzustellen. Small Talk dient der Kontaktaufnahme. Er lässt für eine kurze Zeit einen Raum entstehen, in dem sich die beteiligten Personen scannen und kennenlernen dürfen. Der bessere Begriff wäre Scan Talk. Da jeder Persönlichkeitstyp über eine etwas andere Scan-Strategie verfügt, gibt es eben nicht nur einen Scan-Talk, sondern mindestens fünf. Angenommen ein Mensch wurde zu einer Netzwerkveranstaltung eingeladen. Dort kennt er niemanden. Dies muss er ja auch nicht, denn dafür geht er ja auf diese Veranstaltung. Er betritt den Saal und sieht sich um. Die fünf Persönlichkeitstypen reagieren auf diese Situation ganz unterschiedlich. Wahrscheinlich können Sie dies schon vorhersagen. Greifen wir einmal den Ordnungsmenschen heraus.

Für diesen ist eine Netzwerkveranstaltung sehr unangenehm. Er ist grundsätzlich etwas zurückhaltend, sich zu öffnen und mitzuteilen. Er empfindet Small Talk als ein Ritual ohne tieferen Sinn. Das, was Menschen während der ersten zehn Minuten austauschen, interessiert ihn normalerweise nicht. Selbst einem solchen Ritual ausgesetzt zu sein, empfindet er als peinlich, aufdringlich und er fühlt sich sofort unwohl.

Der Ordnungsmensch hat also den Saal betreten und schaut sich um. Es gibt jetzt zwei Möglichkeiten, wie diese Situation weitergehen könnte.

- Er geht auf jemanden zu und nimmt selbst Kontakt auf.

- Jemand kommt auf ihn zu und möchte Kontakt mit ihm aufnehmen.

Beginnen wir mit dem ersten Fall. Idealerweise hat er sich auf die Veranstaltung vorbereitet und hat sich eine kleine Liste mit interessanten Personen erstellt, die er ansprechen könnte. Folgende Struktur der Kontaktaufnahme kann ihm dabei helfen.

Hingehen – Ankommen – Mitgehen – Mitnehmen

Er sieht eine dieser aufgelisteten Personen am anderen Ende des Raums. Sie steht dort allein mit einem halbleeren Glas Weißwein. Der erste Schritt bedeutet »Hingehen«. Das klingt einfach, ist es aber nicht. Er setzt sich in Bewegung. In Richtung Zielperson. Mit Abnahme der Entfernung, nimmt sein Pulsschlag zu. Er ist plötzlich aufgeregt. Innerlich entsteht ein Selbstgespräch voller Befürchtungen.

»Was soll ich eigentlich sagen, wenn ich angekommen bin?«
»Was, wenn der andere gar nicht mit mir reden will?«
»Falls doch, worüber sollen wir dann reden?«
»Was mache ich überhaupt auf dieser Veranstaltung?«

Furcht macht sich breit. Furcht vor Zurück-weisung. Furcht vor unbeabsichtigten Folgen, vor einem ungewissen Ausgang, vor peinlichem Versagen. Jede Kontaktaufnahme beginnt mit dem Hingehen. Wahrscheinlich ist das die größte Tat, die jemand vollziehen kann, weil er dabei viele innere sehr persönliche Widerstände und Ängste überwinden muss. Das ist manchmal genauso schlimm wie Bungee-Jumping. Man lässt los und hofft, dass es gut geht.

»Ankommen« bedeutet Hinsehen. Um welchen Persönlichkeitstyp handelt es sich? Fühlt er sich wohl oder ist ihm die Situation unangenehm? Welche Motive haben ihn zu dieser Veranstaltung geführt?

»Mitgehen« bedeutet Ansprechen und Ähnlichkeit herzustellen. Ich sehe Dich. Und was ich sehe finde ich interessant. Es bedeutet auch, selbst sichtbar zu werden, sich vom anderen sehen zu lassen und dessen

Scan zu passieren. Small Talk gleich Scan Talk. Ein solcher Moment könnte wie folgt ablaufen.

»Guten Tag, darf ich Sie ansprechen?«
»Natürlich, dafür sind wir ja alle hier, oder?«
»Das stimmt. Mir ist das aber nicht so ganz geheuer.«
»Das verstehe ich. Sie haben es aber getan.«
»Sie machen mir das auch leicht. Darf ich mich vorstellen?«
»Bitte sehr …« […]
»Wieso haben Sie ausgerechnet mich angesprochen?«
»Das ist eine gute Frage. Ich hatte Sie auf meinem Zettel.«
»Was? Das müssen Sie mir jetzt aber erklären.«
»Sehr gerne. Ich habe über Sie schon mal etwas gehört und das hat mich interessiert.« […]

Jetzt beginnt idealerweise ein Austausch, das wechselseitige Mitgehen. Nach einer Weile kommt dann der letzte Schritt auf diesem Kontaktaufnahmepfad, das »Mitnehmen«. Wer auf eine Netzwerkveranstaltung geht, hat ein Ziel, er möchte mit jemand anderem etwas erreichen. Jetzt ist der Moment gekommen, dies auch zu äußern und klar auszusprechen.

»Ich möchte mich erst einmal für dieses freundliche Gespräch bedanken. Und gleichzeitig habe ich ein Anliegen. Darf ich Ihnen das so direkt sagen?«
»Nur zu.«
»Mein Anliegen ist […].
Was sagen Sie dazu?«

Für einen beziehungsorientierten Menschen war diese Beschreibung vielleicht etwas zu formell. Sie war aber auch für Ordnungsmenschen gedacht. Es gibt eben fünf verschiedene Arten des Small Talks. Gleichzeitig wissen wir jetzt auch wie wir Ordnungsmenschen ansprechen sollten. Nämlich genauso wie in unserem Beispiel, das einen leichten Fall mit positivem Ausgang zeigte.

Wer allerdings voller Befürchtungen auf eine solche Veranstaltung geht, fragt sich, was er tun soll, wenn der andere es einem nicht so leicht macht.

»Guten Tag, darf ich Sie ansprechen?«

»Das weiß ich noch nicht.«

»Ich merke, Sie prüfen sehr genau, ob Sie mit jemandem ins Gespräch kommen wollen.«

»So ist es.«

»Haben Sie sich einen Zettel gemacht?«

»Wie?«

»Mit den Personen, die für Sie interessant sind und die Sie selbst ansprechen möchten?«

»Nein.«

»Ich habe das.«

»Was?«

»Einen Zettel.«

»Und?«

»Sie stehen da drauf.«

»Hä?«

»Ich merke, ich störe Sie nur. Das war nicht meine Absicht. Ich wollte nicht aufdringlich sein. Ich geh' nochmal an die Bar und hol' mir noch ein Glas Wein. Auf Wiedersehen.«

»Moment.«

»Was?«

»Das mit dem Zettel interessiert mich.«

»Soll ich Ihnen ein Glas Wein mitbringen?« […]

Menschen denken häufig in solchen Befürchtungs-Szenarien. Was soll ich machen, wenn etwas schiefläuft? Schauen wir uns daher eine Situation an, die tatsächlich misslungen ist.

Wir haben oben festgestellt, dass Sie immer ein Ja-Wort erhalten, wenn Sie ein lupenreines Ich-sehe-Dich-Signal senden. Lupenrein bedeutet, präsent, respektvoll, mit Aufmerksamkeit und echtem Interesse am Gegenüber. Gelingt Ihnen dies nicht, laufen Sie Gefahr, dass der empfindliche Scan Ihres Gegenübers die Abweichung als Störung sofort meldet.

Ein Fahrgast besteigt ein Taxi. Er schaut sich um und stellt fest, dass das Taxi uralt und auch nicht sehr gepflegt ist. Nach wenigen Augenblicken denkt er, »Warum muss ich ausgerechnet in so eine alte Kiste steigen?« Unmut entsteht. Jetzt sagt man am besten nichts. Der Fahrgast hat aber den Impuls, dies anzusprechen.

Fahrgast:	»Ich sehe, Sie fahren ein Auto, dass schon eine Menge Kilometer auf dem Tacho hat.«
Taxifahrer:	»Wenn Ihnen das nicht passt, können Sie ja wieder aussteigen.«

Was ist hier schiefgelaufen? Erstens: Der Fahrgast hatte einen ungünstigen »Mindset«. Sein Ziel war nicht Kooperation, sondern Kritik. Eigentlich wollte er wieder heraus aus dem Auto. Sein Ziel war es, die Kooperation schnellstmöglich wieder zu beenden. Das Gehirn des Taxifahrers merkte dies sofort. Wahrscheinlich wusste er selbst, dass er mit diesem Auto keine Fahrgäste mehr befördern sollte, war bereits in seinem Ehrgefühl angeschlagen und überempfindlich und merkte den Unmut des Fahrgastes sofort. Sein Scan schlug spontan darauf an.

Zweitens: Ein sekundäres Merkmal wurde angesprochen – das Auto, nicht die Person. Das Gehirn reagiert auf Ich-sehe-Dich-Signale mit einem Ja nur dann, wenn Sie »scanreine« Signale und Worte senden. Diese beziehen sich ausschließlich auf Person und Identität und haben Kooperation zum authentischen Ziel. Dann sind Sie auf der sicheren Seite.

13
Keine Angst vor dem Ansprechen

Eine gute Interaktion beginnt mit einem Ich-sehe-Dich-Signal. Das ist immer ein sicherer Startpunkt für ein Gespräch. Aber wie geht es dann weiter? Betrachten wir noch einmal Janina, die Leistungsorientierte. Sie befindet sich im Stress, ist ungeduldig und verliert den Kontakt zu den Kollegen. Ihr Chef möchte das ansprechen und lösen. Dafür kombiniert er die bisherigen Strategien und Werkzeuge.

1. Hingehen:
Den ersten Schritt machen
2. Ankommen:
Hinsehen – Einordnen – Worte finden
3. Mitgehen:
Ansprechen – Ähnlichkeit herstellen – Austauschen
4. Widerstände lösen:
Ansprechen – Selbstreflexion auslösen
5. Weggabelung öffnen:
Ja-Wort für Dialog einholen
6. Mitnehmen:

Dialog führen – Ja-Wort für Lösungen einholen.

Dies ist der Leitfaden für das Gespräch mit Janina.
Der Chef beginnt mit einem Ich-sehe-Dich-Signal.

Chef: »Hallo Janina, kann ich gleich auf den
             Punkt kommen?«
Janina: »Na klar.«
Chef: »Ich sehe, du bist im Stress.«
Janina: »Du siehst aber auch alles. Besser wäre
             es, wenn du was dagegen tun würdest.«

Nicht jedes Ich-sehe-Dich-Signal löst Freude aus.
Manchmal bringt es unangenehme Wahrheiten ans
Licht und erzeugt Widerstand. In solchen Fällen hilft
die **4-Satz-Strategie**:

Chef: »Warte mal. Ich fang nochmal von vorn
             an. Ich kenne dich als eine
             Mitarbeiterin, der es wichtig ist, auf den
             Punkt zu kommen, nicht lange
             rumzureden, sondern anzupacken und
             schnell Ergebnisse zu liefern.«
Janina: »Stimmt.«
Chef: »Das sehe ich.«
Janina: »Ist ja schön … und?«
Chef: »Und ich schätze das sehr. Ich finde das
             richtig gut.«
Janina: »Hm.«
Chef: »Gleichzeitig sehe ich, dass du innerlich
             kämpfst und dich zermürbst. Und
             darüber möchte ich heute mit dir
             sprechen.«
Janina: »Hm.«
Chef: »Machst du mit?«

Die Struktur dieser 4-Satz-Strategie besteht aus den folgenden Elementen:

1. Ich sehe Dich / Ich nehme etwas wahr / Ich spüre etwas / Mein Eindruck ist

Chef: »... Ich kenne dich als eine Mitarbeiterin, der es wichtig ist, auf den Punkt zu kommen, nicht lange rumzureden, sondern anzupacken und schnell Ergebnisse zu liefern.«

Bitte eine Pause lassen, damit der Satz wirken kann. Auf eine Reaktion des Gegenübers warten.

Janina: »Stimmt.«

2. Ich wertschätze Dich / Ich verstehe Dich / Ich möchte Dich verstehen / Wie dies auf mich wirkt

Janina: »Ist ja schön ... und?«
Chef: »Und ich schätze das sehr. Ich finde das richtig gut.«

Den Widerstand in Janinas Antwort ignoriert ihr Chef und fährt mit dem zweiten Satz unbeirrt fort. Pause lassen, damit der Satz wirken kann. Im Anschluss wieder auf eine Reaktion des Gegenübers warten.

Janina: »Hm.«

3. Führung übernehmen und zum Thema überleiten

Chef: »Gleichzeitig sehe ich, dass du innerlich

kämpfst und dich zermürbst. Und
darüber möchte ich heute mit dir
sprechen.«

Wieder eine Pause lassen, Reaktion abwarten.

Janina: »Hm.«

4. Abschlussfrage

Chef: »Machst du mit?«

Der Gedanke hinter dieser Strategie lautet: Kein
Führen ohne Kontakt. Die ersten beiden Sätze dienen
dem Kontakt. Danach erst folgt der Führungssatz mit
der Verbindlichkeit herstellenden Abschlussfrage.
Wie geht es aber weiter, falls Janina nicht mitmacht.

Janina: »Du weißt doch selbst, es fehlen überall
            gute Leute, die Kunden drängeln,
            manchen Kollegen ist das scheinbar
            egal, und, und, und.«

Janina weicht dem Thema aus. Die Lösung: 4-Satz-
Strategie wiederholen. Es folgt der erste Satz: Ich-
sehe-Dich.

Chef: »Janina, jetzt weichst du aus.«
Janina: »Was?«
Chef: »Du weichst aus.«
Janina: »Was meinst du denn damit?«
Chef: »Ich rede gerade über dich und dein
            Stressverhalten. Du lenkst ab und
            redest über die Arbeitsbedingungen
            und die Kollegen.«

Ein Ich-sehe-Dich-Satz hat eine zusätzliche Dimension. Er ist auch ein Signal für: »Ich sehe alles.«

Janina: »Aber das gehört doch alles zusammen.«

Chef: »Du sagst, das gehört alles zusammen. Das stimmt natürlich. Gleichzeitig – wenn wir ganz genau hinsehen – sind dies zwei verschiedene Dinge. Und diese beiden Dinge möchte ich für unser Gespräch heute voneinander trennen. Ist das okay?«

Janina: »Hm.«

Chef: »Was heißt Hm?«

Janina: »Hm heißt, ich merke, dass du nicht über die Arbeit mit mir reden willst, sondern über mich. Du weißt aber, ich bin wie ich bin.«

Chef: »Das waren jetzt zwei Sätze. Also lass uns das mal sortieren. Ich will mit dir heute nicht über die Arbeit reden. Das hast du sofort richtig erkannt. Das zeigt mir, du bist hellwach. So kenne ich dich. Das ist prima …«

Janina: »Na also.«

Chef: »… Der zweite Satz war ‚Ich bin so wie ich bin‘.«

Janina: »Genau.«

Jetzt folgt der zweite Satz der 4-Satz-Strategie: Ich wertschätze Dich.

Chef: »… Ich finde dich gut so, wie du bist.«

Janina:	»Ach?«
Chef:	»Glaubst du mir das?«
Janina:	»Eigentlich schon.«

Jetzt folgt der Führungssatz, die Überleitung zum eigentlichen Thema.

Chef:	»Gut. Wir reden deshalb auch nicht darüber wie du bist.«
Janina:	»Sondern?«
Chef:	»Sag mal, du machst mir das heute echt schwer.«
Janina:	»Hm?«
Chef:	»Du siehst mich jetzt hier vor dir sitzen und ich versuche gerade, mit dir ins Gespräch zu kommen.«
Janina:	»Hm.«
Chef:	»Und du lässt mich zappeln.«
Janina:	»Ist ja auch ein blödes Thema.«
Chef:	»Und jetzt suche ich nach den richtigen Worten.«
Janina:	»Hm.«
Chef:	»Du weißt doch eigentlich selbst worüber wir hier reden.«
Janina:	»Der Stress.«

Jetzt kommt die Abschlussfrage, beziehungsweise die Einladung zum Gespräch.

Chef:	»Genau. Sag mal was dazu.«
Janina:	[Schweigt und denkt nach]
Chef:	[Nach einer kurzen Pause] »Was geht dir jetzt durch den Kopf?«
Janina:	»Also …«

Es ist also durchaus angemessen zu versprachlichen, was Sie bei Ihrem Gegenüber erkennen. Sein
Scan meldet dann: Ich werde gesehen. Wenn es
darüber hinaus gelingt, den inneren Prozess des
Gegenübers in Worte zu fassen und zu würdigen,
meldet dessen Scan: Ich werde nicht nur äußerlich
wahrgenommen, sondern auch als Person verstanden.
Ich erhalte Wertschätzung. Jetzt entsteht Kontakt.
Gleichzeitig können Sie auf diese Weise Widerstände
ansprechen, auflösen und zu einem echten Austausch
kommen.

Ein kleiner zusätzlicher Kniff:
Ebenso können Sie sprachlich begleiten was Sie selbst
gerade tun und was in Ihnen vorgeht. Damit machen
Sie sich und Ihre inneren Prozesse für Ihr Gegenüber
transparent und werden leichter lesbar. Der Scan des
anderen entspannt sich und Kontakt wird leichter
möglich. Gerade das Versprachlichen des
Offensichtlichen erscheint aber möglicherweise
seltsam.

Chef: »Du siehst mich jetzt hier vor dir sitzen. Ich
versuche gerade, mit dir ins Gespräch zu kommen.
Und jetzt suche ich nach den richtigen Worten.«

Es ist jedoch ein starkes rhetorisches Manöver,
dass uns sogar manchmal aus schwierigen Situationen
retten kann. Im Mai 2009 gab es dazu eine
erstaunliche Situation, die wahrscheinlich niemand
bemerkt hat, weil Millionen Gehirne sich gleichzeitig
entspannt hatten. Der damalige deutsche
Bundespräsident Horst Köhler stellte sich der
erneuten Wahl für seine zweite Amtsperiode. Die
Wahl war vorher schon entschieden und die

Mitglieder der Bundesversammlung waren deshalb bereits frühzeitig im Plenarsaal des Deutschen Bundestages versammelt. Nur Horst Köhler war noch nicht da. Er befand sich noch im Schloss Bellevue, seinem Amtssitz, und dachte vermutlich, dass er noch etwas warten sollte.

Zu dieser Zeit war Ulrich Deppendorf Leiter des ARD-Hauptstadtstudios und berichtete live von der Wahl. Er befand sich an einem Reportertisch in der Lobby des Deutschen Bundestages. Allerdings waren jetzt alle Gesprächspartner im Plenarsaal. Niemand war mehr da für ein Live-Gespräch. Horst Köhler kam nicht und die Kameras der Live-Übertragung waren auf Ulrich Deppendorf gerichtet. Das war ein peinlicher Moment. Ulrich Deppendorf machte jetzt folgendes: Er begleitete sprachlich was er gerade tat und dachte.

»Ich stehe hier in der Lobby des Deutschen Bundestages und schaue mich um. Wie ich sehe – und Sie zu Hause am Bildschirm können das jetzt auch sehen – ist die Lobby menschenleer. Alle Mitglieder der Bundesversammlung sind bereits im Plenarsaal versammelt und warten auf den entscheidenden Moment des heutigen Tages. Vor allem warten sie auf das Erscheinen von Horst Köhler. Ich verlasse jetzt meinen Moderatorenplatz und laufe einmal hinüber zur großen Fensterfront der Lobby des Deutschen Bundestages. Ich stehe jetzt am Fenster und kann direkt hinüberschauen zum Schloss Bellevue. Wir sehen dort, dass die Limousinen des Präsidenten vor dem Eingang parken und ebenfalls noch auf Horst Köhler warten.«

In der Zwischenzeit muss ein aufmerksamer Kollege in der Regie das Dilemma von Ulrich Deppendorf erkannt und schnell einen Gesprächspartner organisiert haben. Ein schönes Beispiel für Kooperation ohne viele Worte.

»Ich gehe jetzt wieder zurück zu meinem Reporterplatz und sehe bereits, dass dort ein Gesprächspartner auf mich wartet ...«

Wenn wir diese Szene bewusst betrachten, wirkt sie auf den ersten Blick etwas albern, weil der Reporter nichts Inhaltliches berichtete. Er versprachlichte nur, was er gerade tat. Das interessierte eigentlich niemanden. Aber vermutlich hat das kaum jemand bemerkt. Hätte er hilflos gesagt: »Ich weiß jetzt auch nicht was ich machen soll« und wäre schweigend an seinem Platz geblieben, wären die Zuschauer irritiert gewesen und am nächsten Tag hätte jedes Boulevard-Blatt darüber lästerlich berichtet. Durch sein sprachliches Manöver konnte diese Irritation vermieden werden, die Gehirne der Zuschauer fühlten den warmen Strom der Orientierung gebenden Worte und warteten gemeinsam geduldig auf das Erscheinen des Bundespräsidenten. Das ist Ulrich Deppendorf perfekt gelungen.

Gehen wir gedanklich noch einmal zurück zur Netzwerkveranstaltung. Diesmal begleiten wir einen jungen Mann, der eine junge Frau ansprechen möchte. Hingehen – Ankommen – Mitgehen – Mitnehmen, das war die Formel.

Für Gespräche im Rahmen des Privatlebens gilt eine abgewandelte Fassung: Hingehen – Ankommen – Mitgehen – Mitgehen – Mitgehen – Gemeinsam weitergehen.

Mann:	»Ich bin von dahinten hergekommen und stehe jetzt hier.«
Frau:	»Und?«
Mann:	»Und du siehst mich überlegen, was ich jetzt sagen soll.«
Frau:	»Da bin ich jetzt aber mal gespannt.«
Mann:	»Mir ist etwas aufgefallen. Wenn ich das sagen darf …?«
Frau:	»Ja, bitte.«
Mann:	»Ich sehe, dass du auf deiner Handtasche diesen Aufkleber für den Tierschutz hast. Das hat mir gefallen.«
Frau:	»Ach ja.«
Mann:	»Und meine Vermutung ist, dass du sehr achtsam bist.«
Frau:	»Das stimmt.« [Hier kommt ein erstes Ja-Wort]

Ein Ansprechen in Verbindung mit Ich-sehe-Dich-Botschaften muss authentisch sein. Gerade bei persönlichen Begegnungen können sich kleinste Fehler ungünstig auswirken. Der junge Mann hat sein eigenes Verhalten transparent gemacht, er ist sichtbar geworden und hat mit der 4-Satz-Strategie versprachlicht, was er an der jungen Frau wahrgenommen hat. Das Ja-Wort am Ende ist die Belohnung. Gute Kommunikation bedeutet, die inneren Prozesse des anderen achtsam zu begleiten. Beginnen Sie immer beim anderen mit einem Ich-sehe-Dich-Satz.

Falsch: »Guten Tag, ich heiße Karl-Heinz, ich bin 45 Jahre alt, komme aus Verden an der Aller und angle gern.«

Das Gehirn des anderen wird jetzt fragen, »Na und?«

Viele Menschen handeln auf diese Weise. Es ist ein typischer Ich-Fehler. Warum ist das ein Fehler? Weil der Scan des anderen jetzt piept. Und zwar an der Stelle »Sieht er mich oder sieht er nur sich selbst?«

Deshalb beginnt ein gutes Gespräch immer mit einem Ich-sehe-DICH-Satz. Dann warten Sie auf eine Reaktion. Haben Sie das Richtige wahrgenommen und dafür auch die richtigen Worte gefunden, folgt ein Ja-Signal. Dann würdigen Sie, was Sie bei Ihrem Gegenüber wahrgenommen haben und übernehmen danach die Initiative mit einem Führungssatz, zum Beispiel: »Darüber würde ich gerne mehr wissen«. Sie übernehmen die Initiative also erst, nachdem Sie mindestens zwei Kontaktbrücken gebaut haben. Kein Führen ohne Kontakt.

Dies ist leicht zu verstehen, wenn Sie es aus umgekehrter Perspektive betrachten. Ein neuer Chef kommt zu einem ordnungsorientierten Mitarbeiter, der schon seit 20 Jahren im Betrieb arbeitet. Er sagt:

»Ich bin ihr neuer Chef. Ich übernehme jetzt die Führung. Ich erwarte, dass Sie mitmachen. Alles klar?«

Was der ordnungsorientierte Mitarbeiter jetzt denkt, lässt sich leicht vorhersagen. So werden Sie zum Hellseher und Gedankenleser. Die bessere Variante lautet also: Kontakt – Kontakt – Initiative ergreifen – Zustimmung einholen.

Neuer Chef: »Guten Tag, ich bin Justus Bergmann, der neue Leiter dieser Abteilung. Ich habe gesehen, dass Sie einer der langjährigsten und erfahrensten Experten in unserem Betrieb sind.«
Mitarbeiter: »Das stimmt.«
Chef: »Sie sehen mich jetzt zum ersten Mal.

Und mein Eindruck ist, Sie fragen sich gerade: Wer ist dieser Mann und was habe ich von ihm?«

Mitarbeiter: [Kann sich das Grinsen nur mühsam unterdrücken.]

Chef: »Ich stelle mich mal vor. Okay?«

Mitarbeiter: »Ja klar, ich sag dann auch was zu mir.«

Am Ende schließen Sie immer mit einer Abschlussfrage ab und holen Zustimmung ein. Das hat zwei Gründe. Erstens erlaubt dies dem anderen, den Fortgang des Gesprächs mitzubestimmen. Und zweitens ist das ein Test. Wie weit bin ich gekommen? Möchte der andere das Gespräch fortsetzen? Jetzt darf und muss der andere eine sichtbare Entscheidung treffen. Dadurch wird ein echter und von beiden gewollter Dialog hergestellt und es entsteht Verbindlichkeit. Dieses Verhalten ist respektvoll und achtet die Würde des anderen. Das ist artgerechte Kommunikation. Folgendes Beispiel veranschaulicht dies auf besonders nette Weise:

In einem Edel-Kaffee-Flagship-Store, der nicht nur Kaffee verkauft, sondern auch exklusives Geschirr, befindet sich eine Vitrine mit Schüsseln in einer eigentümlichen Form. Ein Kunde steht davor, findet diese Schüsseln eigentlich schön, weiß aber nicht wozu sie gut sein sollen. Die Verkäuferin sieht das und setzt sich in Bewegung. Einer dieser berüchtigten Momente. Eigentlich möchte der Kunde gar nicht angesprochen werden. Aber jetzt passiert etwas Magisches:

Verkäuferin: »Ich sehe, Sie wundern sich.«

Kunde: [Dreht sich völlig verblüfft zur Verkäuferin]

»Stimmt. Können Sie Gedanken lesen?«

Verkäuferin: [Lächelt, sagt aber nichts]

Kunde: »Ich frage mich wozu diese Schalen gut sind.«

Verkäuferin: »Das verstehe ich.«

Kunde: »Wissen Sie wozu die gut sind?«

Verkäuferin: [Schaut Kunden freundlich an] »Nein, das weiß ich auch nicht.«

Kunde: [Schaut verblüfft]

Verkäuferin: »Aber sie sind schön, oder?«

Kunde: »Ja.«

Verkäuferin: »Was meinen Sie denn? Wofür würden Sie die verwenden können?«

Kunde: [Denkt nach] »Ich könnte meiner Frau etwas kochen und darin die Vorspeise servieren.«

Verkäuferin: [Lacht] »Dafür sind die ganz sicher nicht gedacht, aber die Idee ist großartig. Ihre Frau wird Sie dafür lieben.«

Kunde: »Okay, ich nehme zwei davon.«

Warum sind diese Sätze so wirksam? Das Geheimnis liegt bereits im ersten Satz. In einem Ich-sehe-Dich-Satz kann der andere sich selbst wiedererkennen. Er kann sich im anderen spiegeln. Dadurch entsteht ein besonderes Gefühl von Gewissheit, Sicherheit und Verbundenheit. Gleichzeitig ermöglicht der Blick in einen wertschätzenden Spiegel, dass der Mensch mit sich in Kontakt treten und sich selbst reflektieren kann. Es entsteht ein Zugang zum eigenen Potential. Wenn er jetzt etwas sehen und erkennen sollte, was ihm nicht gefällt, kann er es selbstreferenziert einordnen und sukzessive verändern. Das Ansprechen ist ein sprachlicher Spiegel. Es ist keine Aufforderung etwas zu tun und es ist vor allem kein Vorwurf. Durch Appelle oder Vorwürfe erreichen wir keine Selbstreflexion, sondern lösen Widerstand aus.

Falsch: »Ich sehe du bist sauer. Jetzt reiß dich mal zusammen. Verbreite hier nicht so eine Stimmung. Das musst du doch mal einsehen.«

Richtig: »Ich sehe du bist sauer. Das kann ich nur teilweise verstehen. Sag mal was dazu. Okay?«

Diese Variante erlaubt eine vorwurfsfreie Selbstreflexion. Diese distanziert beide Gesprächspartner von belastenden Emotionen. Beide können sich jetzt gemeinsam dem eigentlichen Thema zuwenden. Das Ansprechen schafft inneren Abstand. Die Wucht der Emotionen nimmt ab. Beide können wieder frei und klar miteinander reden. Die »falsche« Variante ist eine sogenannte »Mixed Message«: Ich sehe dich, aber das was ich sehe, gefällt mir nicht – verbunden mit der vorwurfsvollen Aufforderung, der andere möge sich ändern. Wie hoch ist die Wahrscheinlichkeit, dass der andere jetzt sagt: »Vielen Dank, jetzt wo du das so sagst, wird mir das auch klar. Moment. Ich ändere das sofort«. Haben Sie so etwas schon einmal erlebt? Vorwurfsvolle Appelle an die Einsicht mit der Aufforderung zur Verhaltensänderung lösen in 99% der Fälle spontanen selbstwertsichernden Widerstand aus. Das ist kein Ansprechen in unserem Sinne, sondern eine Forderung. Sie können das ersatzlos aus Ihrem Sprachrepertoire streichen. Es wird Ihnen nichts fehlen. Wenn man eine Forderung eintreiben möchte, kann man auch die 4-Sätze-Strategie verwenden.

»Ich sehe du bist sauer.«

»Stimmt.«

»Übrigens sehe nicht nur ich das, sondern jeder kann das sehen.«

»Echt?«

»Ich kann das verstehen.«

»Hm.«

»Gleichzeitig hatten wir vereinbart, dass du nur dann zu dieser Party mitkommst, wenn du auch wirklich Bock darauf hast.«

»Na ja, stimmt eigentlich.«

»Gut. Und was machst du jetzt?«

»Ich könnte gehen oder mich zusammenreißen.«

»Stimmt. Du könntest auch noch etwas anderes.«

»Was denn?«

»Du könntest dich auch entscheiden, Spaß zu haben.«

[Stöhnende Zustimmung. Lächeln.]

Der erste Satz bedeutet vorwurfsfreies und möglichst klares Spiegeln des anderen. Klarheit erreicht ein erster Satz, wenn der andere tatsächlich verstehen und einordnen kann, wovon Sie gerade sprechen. »Ich sehe, Sie haben einen ganz besonderen Sinn für Details.« »Die Auswahl der Zutaten, die Beilagen, das hat alles wunderbar gepasst.« »Mein Eindruck ist, Sie haben sich wirklich sehr viele Gedanken gemacht.«

Klarheit entsteht nicht, wenn auf die Frage: »War alles recht so?« die Antwortet folgt: »Hm, alles supi.« Jedenfalls erfüllt diese Antwort nicht die Klarheitsanforderungen eines ordnungsorientierten Menschen. Dies gilt aber auch für jeden anderen Persönlichkeitstypus. Wenn Sie einem Beziehungs-menschen Anerkennung geben wollen und sagen: »Ey, alles klasse hier«, dann freut er sich zwar drei

Sekunden lang, fragt sich dann aber: »Wovon spricht der eigentlich? Meint der mich überhaupt?« Das nennt man auch »Royal Visit«. Ein Oberhaupt besucht seine Untergebenen, schreitet durch die Menge, bleibt hin und wieder stehen, klopft jemandem, den er gar nicht kennt und auch nie zuvor getroffen hat, auf die Schulter und sagt: »Gute Arbeit, weiter so.« Der Betreffende ist dann eher betroffen. Was er von diesem royalen Besucher hält, kann man sich denken.

Der erste Satz erfordert also emotionale Klarheit bei dem, der ihn sagt, und zwar ohne verborgene Botschaften. Der zweiten Satz ist ebenfalls wichtig, weil er den ersten Satz verstärkt und das Wahrgenommene würdigt. Mit dem dritten Satz wird die thematische Führung übernommen und eine Weggabelung geöffnet.

»Gleichzeitig hatten wir vereinbart, dass du nur dann zu dieser Party mitkommst, wenn du auch wirklich Bock darauf hast.«

Das ist keine Forderung, kein Vorwurf, keine Kritik, sondern nur eine sachliche Feststellung. Mehr ist auch nicht nötig, weil der Gesprächsadressat das in der Regel selbst weiß. Was jemand selbst weiß, muss man ihm nicht auch noch vorhalten. Der andere weiß jetzt was auf ihn zukommt. Er muss eine Entscheidung treffen.

»Gut. Und was machst du jetzt?«

Dies ist kein Appell an die Einsicht und auch keine vorwurfsvolle Aufforderung zur Verhaltensänderung. Es ist einzig die Aufforderung, in diesem Moment eine Entscheidung zu treffen. Es handelt sich um eine absichtlich geöffnete Weggablung. Diese Weggabelung bringt den anderen in Bedrängnis. Aber auf eine würdevolle Weise. Der Satz: »Reiß dich zusammen oder geh nach Hause«, wäre hingegen einem Rauswurf gleichgekommen und hätte den bereits aufkeimenden Konflikt verstärkt. Würde der andere »sich zusammenreißen« und bleiben, würde er sich selbst erniedrigen und seinen Selbstwert herabsetzen. Das kann er nicht, ohne innere Widerstände dagegen zu entwickeln. Er wird stattdessen mit großer Wahrscheinlichkeit in eine Auseinandersetzung mit dem Kritiker gehen, sich wehren und gegen ihn kämpfen.

Gelingt es, durch Ansprechen Selbstreflexion auszulösen, verändert sich der innere Prozess des Gesprächspartners. Jetzt behält er die Entscheidungshoheit. Gelingt es ferner zu verhindern, dass er an der Weggabelung ausweicht, muss er sich dem eigenen inneren Prozess zuwenden. Er muss sich seinem eigenen Entscheidungsdilemma stellen. Auch jetzt muss er kämpfen. Aber er kämpft jetzt nicht mehr mit dem anderen, sondern mit sich selbst. An dieser Stelle öffnet sich ein innerer Raum für Eigenverantwortung, Würde und Kraft. Hier verwandelt sich Erlebtes und Reflektiertes in Erfahrungssubstanz. Die Notwendigkeit, Entscheidungen zu treffen, wird nicht mehr als Eingriff von außen erlebt, sondern als autonomer Gestaltungsakt. Hier nimmt die Entfaltung von Potentialen ihren Anfang. Darin liegt die Bedeutung der Weggabelung und die Wirkung der Abschlussfrage.

Die Wirkung beruht allein auf der Kraft der Selbstreflexion. Sie ist die tiefe Quelle für verlässliches und kreatives Verbundensein und für intelligentes gemeinsames Handeln. Ansprechen löst diese

Selbstreflexion aus. Ansprechen wird damit zu einem magischen Werkzeug.

Zum Abschluss betrachten wir noch einmal Ludwig und seine Widerstände. Ludwig ist zu einem kritischen Beobachter geworden. Sie gehen auf ihn zu, sprechen ihn an und er reagiert mit skeptischer Abwehr. Auch hier gilt die Regel: Das Gespräch beginnt immer beim anderen. Es ist in einer solchen Situation nicht einfach, diese Regel zu befolgen. Widerstand empfinden wir als Zurückweisung, eventuell sogar als Angriff. Und je nach Typus reagieren wir selbst mit Rückzug, Verteidigung oder Gegenangriff. In dieser Situation emotional stabil zu bleiben und die Aufmerksamkeit dem anderen gegenüber aufrechtzuerhalten, ist eine besondere Leistung.

Sie schaffen das aber, wenn Sie an unsere bewährte Strategie denken:

Hinsehen – In 4 Sätzen ansprechen – Austauschen.

1. Ich sehe Dich
»Ludwig, ich sehe, du bist sehr zurückhaltend und skeptisch mir gegenüber.«

Auf ein Ja-Wort warten. Wenn Sie in Ihrer Wahrnehmung präzise waren, kommt es bestimmt. Vielleicht nur in Form eines zustimmenden Brummens.

2. Wertschätzende Wortwahl, wie dies auf mich wirkt
»Das finde ich überraschend. Damit habe ich nicht gerechnet.«

3. Die Führung übernehmen
»Ich würde dich gerne fragen, was dir durch den Kopf geht?«

4. Abschlussfrage
»Ist das in Ordnung?«

Ludwig wird nun vorsichtig beginnen, sich mitzuteilen. Achten Sie auf Stichworte, suchen Sie die passenden aus und knüpfen daran an, bis sich sein Widerstand löst und ein echter Dialog entsteht. Manchmal müssen Sie ein bisschen nachbohren.

Sie: »Ludwig, ich möchte, dass du mich begleitest und mit mir zu dieser Netzwerkparty gehst.«

Ludwig: »Ich will auf keine Party gehen. Wozu soll das gut sein?«

Sie: »Mein Eindruck ist, dass du damit schlechte Erfahrungen gemacht hast.«

Ludwig: »Ja, kann schon sein.«

Sie: »Erzähl. Okay?«

Ludwig: »Nein, nicht okay. Warum soll ich was erzählen? Du willst mich doch nur überreden.«

Sie: »Ludwig, heute bist du echt ein harter Brocken.«

Ludwig: »Nicht nur heute.«

Sie: »Stimmt.«

Ludwig: »Und was jetzt?«

Sie: »Na, was ich merke ist, da sitzt bei dir was ganz schön tief. Das möchte ich verstehen. Deshalb frage ich nach. Ist das okay?«

Ludwig: »Na ja …«

Sie:	»Was meinst du mit ‚Na ja‘?«
Ludwig:	»Na ja, das ist eigentlich okay.«
Sie:	»Gut, dann sag mal zwei Sätze.«

In diesem Beispiel ist der Schlüssel zum Dialog nicht die Argumentation, warum eine Netzwerkparty nützlich ist, sondern Ansprechen des Widerstandes. Ansprechen löst im Gegenüber Selbstreflexion aus. Der innere Prozess, bei dem sich Ludwig mit seinen Widerständen auseinandersetzt, beginnt. Zunächst hat er gegen die Teilnahme an der Party gekämpft. Dann hat er gegen Sie gekämpft. Jetzt kämpft er mit sich selbst. Das ist kraftvoll, befreiend, lösungsorientiert und vor allem würdevoll.

Übrigens, vermeiden Sie einen Ordnungsmenschen zu fragen: »Was fühlst du gerade?« Wenn Sie nach seinen Gefühlen fragen, denkt er: »Was gehen dich meine Gefühle an?« Manchmal sagt er das auch. Fragen Sie nach seinen Gedanken. Seine Reaktion wird dann eher positives Interesse sein: »Der andere scheint sich ja wirklich für mich zu interessieren.« Das liegt an den Präferenzen von Ordnungsmenschen. Denken vor Fühlen. Bei Beziehungsmenschen ist das etwas anderes. Aber auch hier sollten Sie immer zuerst fragen: Was geht dir durch den Kopf? Und danach können Sie dann zu den Gefühlen übergehen. Dies ist der sicherere Weg, Widerstände zu vermindern oder gar nicht erst hervorzurufen.

Widerstände begegnen uns ständig. Bei anderen und auch bei uns selbst. Widerstände verhindern Kooperation und damit die Entfaltung von Potentialen. Lösen von Widerständen ist eine Herausforderung, eine gute Tat und auch notwendig, weil Sie sonst keinen echten Dialog herstellen können.

Hieraus resultiert ein Fahrplan für Interaktionen mit Menschen:

- Ziel setzen
- Mit wem habe ich es zu tun?
  - Persönlichkeitstyp
  - Kontaktgrad
  - Dialog oder Abwehr
- Abwehr auflösen
- JA-Wort für Dialog einholen
- Dialog führen
- Hintergründe explorieren
- Weggabelung für Vereinbarung öffnen
- JA-Wort einholen für gemeinsames Handeln.

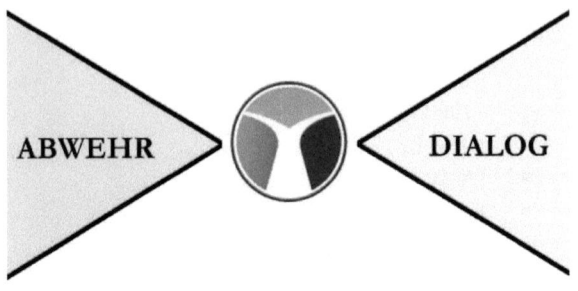

Wie gelingen Kontakt und Interaktion mit Menschen, die Kooperation ablehnen, weil sie im Widerstand sind oder einzig ihre Eigeninteressen verfolgen?

Kennen Sie den Elk Cloner? Dies war das erste bekannte Computervirus. Es wurde etwa 1982 von dem damals 15jährigen US-amerikanischen Schüler Rich Skrenta für den Apple II geschrieben. Das Virus war ein Bootsektorvirus und verbreitete sich über den Bootsektor infizierter Disketten. Wenn der Computer von einer infizierten Diskette gestartet wurde, schrieb sich das Virus in den Speicher und sobald noch nicht infizierte Disketten in das Laufwerk eingeschoben wurden, schrieb sich das Virus auf die Disketten, um sich weiter zu verbreiten. Bei jedem 50. Disketteneinschub erschien folgender Text:

Elk Cloner:
The program with a personality

It will get on all your disks
It will infiltrate your chips
Yes, it's Cloner!
It will stick to you like glue
It will modify RAM too
Send in the Cloner!

Der Computer musste zur Weiternutzung neu gestartet werden. Ansonsten wurde nichts beschädigt, nur Apple-DOS-Disketten, welche nicht auf dem Standardimage beruhten, wurden überschrieben. Das Virus erreichte große Bekanntheit in der Öffentlichkeit. Rich Skrenta studierte später Informatik und kreierte eine Suchmaschine.

Diese Geschichte zeigt, dass es immer jemanden gibt, der die Grenzen testet. Einerseits ist dies eine dieser besonderen Fähigkeiten von Menschen, ohne die sie sich nicht weiterentwickeln würden. Andererseits wenden sie diese Fähigkeit auch gegeneinander zum Schaden von anderen an. Wie gehen Menschen damit um? Menschen haben ein Bedürfnis nach Verbundensein, Sicherheit, Ordnung und Orientierung. Die Persönlichkeitsanteile Beziehung und Ordnung realisieren sich hier auch auf einer übergeordneten kollektiven Ebene. Menschen versuchen vorrangig, Kooperation durch freundliches Verhalten und gleichzeitiges Aufstellen von Regeln zu erreichen. Wird gegen diese Regeln verstoßen, prüfen sie sorgfältig welche Ursachen dafür verantwortlich sind.

Es gibt Menschen, die diese Regeln schlicht nicht verstehen. Denen erklärt man das Ganze noch einmal. Dann gibt es Menschen, die schaffen es einfach nicht, sich an Regeln zu halten. Denen versucht man mit persönlicher Beratung und Betreuung zu helfen. Im

Ernstfall führt dies auch zu Bestrafung und Resozialisierung.

Und dann gibt es diejenigen, die sich absichtlich nicht an Regeln halten oder sie sogar bekämpfen. Hier gehen den Menschen dann die Ideen aus. In einer früheren Zeit brachte man sie einfach außer Reichweite. Engländer verbrachten Abweichler von 1787 bis 1868 nach Australien. Also weit weg und auf nimmer Wiedersehen. Das ist heute nicht mehr möglich. Tief im Inneren haben Menschen aber immer noch den Wunsch, solche Abweichler einfach umtauschen zu können. Allerdings geht das nicht. Irgendeiner bekommt sie ja dann doch. Eine richtige Lösung dafür haben sie bis heute nicht gefunden. Menschen befinden sich hier in einem fundamentalen Dilemma. Dies wird als Belastung und Stress erlebt. Empfindsamkeit wird dadurch auf Dauer zu Empfindlichkeit mit erstaunlichen Auswirkungen.

Die Schock-Verneinungs-Dynamik

Es beginnt mit einem Ereignis, das den Menschen an einer seiner empfindlichen Stellen trifft. Verfügt dieses Ereignis über eine bestimmte Wucht und Intensität, reagiert der Mensch mit einem Schock.

In einem fast leeren Großraumwagen eines ICEs von Hamburg nach Frankfurt saß ein Fahrgast. Er hatte seinen Mantel an einen Kleiderhaken gehängt. Dieser Kleiderhaken war zwischen zwei Sitzreihen angebracht. Im Mantel befand sich die Brieftasche. In Göttingen stieg ein anderer Fahrgast ein, wählte die Sitzreihe vor unserem ersten Fahrgast, hing seinen Mantel auf denselben Haken über den vorhandenen Mantel und setze sich hin. Unser erster Fahrgast hatte ein komisches Gefühl, aber sein innerer

Beziehungsanteil beschwichtigte ihn sofort. Als der Zug in Kassel einfuhr, stand der neue Fahrgast auf, schaute unseren ersten Fahrgast direkt an, nahm seinen Mantel und ging. Das dauerte ein paar Sekunden zu lange, so dass unser Fahrgast nervös wurde. Er griff vorsichtshalber in seine Manteltasche, um nach dem Portemonnaie zu suchen. Die Manteltasche war leer.

Was würde jetzt ein normaler Mensch tun? Hinterherrennen? Das klingt plausibel, aber das tun normale Menschen erstaunlicherweise nicht. Das muss unser psychologisch geschulter Taschendieb gewusst haben.

Für unseren Fahrgast war dies ein Ereignis mit hinreichender Wucht. Er war in seiner inneren Stabilität erschüttert und erfuhr einen kurzen aber intensiven Schock. Jetzt wird es knifflig. Einen Schock kann ein Mensch nur dann bekommen, wenn er an einer empfindlichen Stelle getroffen wird. Empfindlich sind diese inneren Stellen aber nur dann, wenn sie früher bereits belastenden Ereignissen ausgesetzt waren und nie richtig ausheilen konnten. Spürt ein Mensch diese Stellen, wird er an diese Ereignisse erinnert. Es tut ihm innerlich weh. Diesem Schmerz möchte er aber ausweichen. Sein Gehirn blendet das Ereignis daher aus. Damit wird auch der Schmerz abgeschaltet, jedenfalls für einen Moment. Gedanklich entsteht dann die Vorstellung: »Das kann ja nicht sein.« Diese Reaktion nennen wir Verneinung. Diese Verneinung ist ein Spaltungsphänomen. Der Mensch spaltet sich in zwei parallele Erlebenswelten. Er weiß, dass etwas geschehen ist und gleichzeitig fühlt er etwas völlig Gegenteiliges. Das Gehirn ist zu diesem sehr erstaunlichen Phänomen fähig.

Statt aufzuspringen und dem Dieb hinterher zu rennen, dachte unser Fahrgast tatsächlich: »Irgendwo muss doch meine Brieftasche sein.« Und er begann zu suchen. Brusttasche innen rechts. Brusttasche innen links. Seitentaschen. Und nochmal von vorne, er könnte ja etwas übersehen haben. Und dann noch die Aktentasche. Vielleicht war das Portemonnaie ja gar nicht im Mantel. Das dauerte ein paar wertvolle Sekunden. Dann schlug der Blitz der Erkenntnis schließlich doch noch in unseren Fahrgast ein und er sprang auf und rannte zur Waggontür. Er sah den Dieb bereits am Ende des Bahnsteigs verschwinden. In diesem Moment pfiff der Zugbegleiter und die Türen schlossen sich. Zu spät. Der kurze Moment der Verzögerung durch die einsetzende Verneinung verhinderte die spontane Verfolgung. Wenig später löste sich dieses Gefühl in Luft auf und die Realität traf unseren Fahrgast mit voller Wucht. Immer wenn das passiert, gibt es ein letztes Aufbäumen gegen die Wahrheit und vor allem gegen den innewohnenden Schmerz, der jetzt unvermeidlich spürbar wird. Er wurde ärgerlich und wütend. Im Ärger und der Wut kann der Mensch sich noch für einige Momente vom Schmerz dissoziieren und so tun, als ob das alles nichts mit ihm zu tun hat. Während eine Verneinung ein Leben lang bestehen kann, sind Ärger und Wut sehr authentische Gefühle – man nennt sie auch Primärgefühle. Solche Gefühle halten nicht lange an. Man kann sich nicht ein Leben lang ärgern. Der Ärger verraucht nach einer Weile. Dann entsteht ein Gefühl von Niedergeschlagenheit. Der Mensch fühlt sich verletzt, hilflos und ohnmächtig. Jetzt befindet er sich an einer kritischen Stelle seines inneren Prozesses. Entweder er hält das nicht aus und fällt zurück in die Verneinung. Dann entsteht ein Drama-Dreieck mit den Koordinaten Schock – Verneinung – Ärger, aus dem der Mensch nur schwer wieder herausfinden wird. Oder ihm gelingt der Schritt hin zu Selbstreflexion. Er spürt dann seine Eigenverantwortung, seine Würde im Drama und er nimmt das Heft des Handelns in die Hand. Dieser innere Prozess lässt sich im folgenden Kurvenverlauf abbilden.

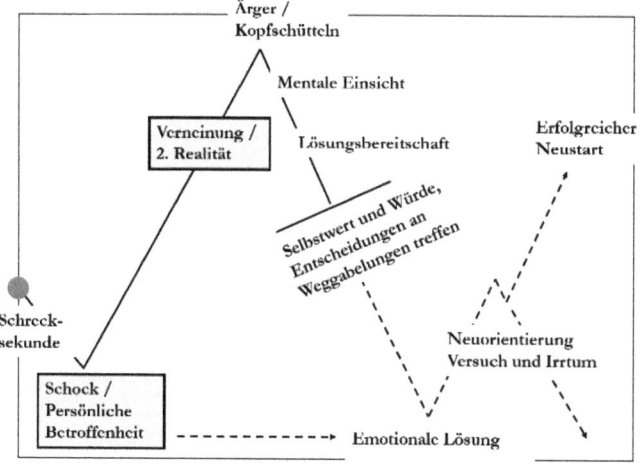

Die Horizontale zeigt den Zeitverlauf, die Vertikale die gefühlte Selbstgewissheit.

Unser Fahrgast durchlief diesen Kurvenverlauf in wenigen Minuten und wollte dann schnell seine Bank anrufen und die Kreditkarten sperren lassen. Leider gab es zu dieser Zeit zwischen Göttingen und Kassel ein Funkloch. Die Schock-Verneinungs-Dynamik setze sofort wieder ein:

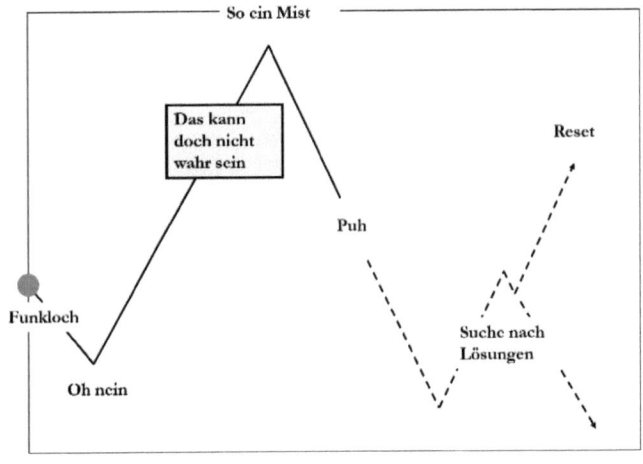

Wenn dieser Taschendieb seine Kenntnisse und Fähigkeiten für eine sinnvollere Arbeit eingesetzt hätte, wäre er mit Sicherheit sehr erfolgreich geworden. Aber manche Menschen wählen seltsame Lebenswege.

Hier schließt sich wieder ein Kreis. Belastende Ereignisse können zu Verneinung führen. Der Mensch verhält sich dann so, als wäre das Ereignis nicht eingetreten. Manche Menschen entsorgen ihren Müll in Wäldern oder versenken ihn im Meer. Der Müll ist dann außer Sicht und aus dem Sinn. Auch das ist eine Form von Verneinung. Um mit kooperationsunwilligen Menschen nun zu einem dauerhaften, verlässlichen und innerlich authentisch bejahten Zusammenwirken zu kommen, fehlen Menschen aber wirksame Mittel. Dies hinterlässt Menschen mit unbewältigten Ängsten und einem Gefühl von Ohnmacht, was wiederum zu einer Verneinung führt. So begegnen sich Menschen in unterschiedlichen wechselseitigen Verneinungen. Sie kommunizieren von einem blinden Fleck zum anderen. Ihr Verhalten wird jetzt zum Ritual, das nicht primär nach positiven Lösungen sucht, sondern etwas Unangenehmes vermeiden möchte. Wenn Sie auf einen solchen Menschen treffen, können Sie unser Universalwerkzeug nutzen.

Hinsehen – Einordnen – Ansprechen – Selbstreflexion auslösen.

In der Verneinung wird ein Teil der Selbstwahrnehmung abgespalten und deaktiviert. Damit wird auch die Selbstreflexion blockiert. Ist Ihnen dies bewusst, können Sie genau an dieser Stelle ansetzen. Was würden Sie als Mitfahrer, der zufälligerweise in der Nähe unseres bestohlenen Fahrgastes gesessen hat und auf die Situation aufmerksam geworden ist, tun? Jetzt kommt eine Multiple-Choice-Aufgabe:

[1] Ich schaue weg und kümmere mich um meine eigenen Angelegenheiten.
[2] Ich tröste den Fahrgast und helfe ihm beim Suchen.
[3] Ich sage ihm in aller Deutlichkeit, dass er gerade bestohlen worden ist und dass er am besten so schnell wie möglich Alarm schlagen sollte.
[4] Ich rufe den Zugbegleiter und bestelle zwei Kaffee und zwei Cognac.

Eine Auflösung ist vermutlich nicht notwendig.

Widerstände können wir jetzt wie folgt einordnen:

1] Die häufigsten Widerstände entstehen aus Verletzungen des Selbstwerts. Unsere fünf Persönlichkeitstypen bringen das in ihren fünf fatalen Sätzen mit entsprechenden Signalen und Verhaltensweisen zum Ausdruck.

2] Widerstände ergeben sich aus blinden Flecken und Verneinungen.

3] Widerstände können ferner auch darauf beruhen, dass Menschen etwas verbergen und nicht ans Licht kommen lassen möchten.

In allen Fällen ist die Selbstreflexion zumindest teilweise deaktiviert. Wir müssen sie dann wieder in Gang bringen. Mit Hilfe externalisierte Selbstreflexion kann dies gelingen. In einfachen Worten: Wir halten einen freundlichen Spiegel vor. Dies machen wir durch die genaue Wahl der Worte und das Ansprechen.

Beispiele: Hinsehen – Einordnen – Ansprechen – Selbstreflexion auslösen.

Ein beziehungsorientierter Mensch fühlt sich innerlich missachtet und hat sich trotzig zurückgezogen.

»Mein Eindruck ist, du fühlst dich missachtet.«
[Überraschung]
»Das tut mir leid.«
[Verwunderung]
»Das würde ich gerne besser verstehen.«
[Neugier, erste Entlastungshoffnung]
»Darf ich fragen, was dich beschäftigt?«

[Kurze Prüfung, ob der Gesprächspartner vertrauenswürdig ist]
»Ist das okay, dass ich das frage?«
Falls ja, beginnt jetzt ein Gespräch.

Ein leistungsorientierter Mensch fühlt sich entwertet, hat sein Tempo erhöht, macht mehr als nötig, will es jemandem zeigen und kann nicht mehr innehalten.

»Ich sehe wie du ackerst.«
»Ja, na klar.«
»Mein Eindruck ist, du willst es jemandem zeigen.«
[Überraschung]
»Sag mal, was ist da los? Okay?«
[Zögern]
»Du zögerst.«
»Ja.«
»Verstehe ich. Ist ja auch keine normale Frage.«
»Stimmt.«
»Willst du MIR damit etwas zeigen?«
»Nein, natürlich nicht. Du hast ja mit der ganzen Sache nichts zu tun.«
»Dann bin ich ja beruhigt. Ich sehe nur, wie du dich richtig reinhängst und dich auch aufreibst. Da mache ich mir Gedanken. Deshalb spreche ich das an. Ist das okay?«

Sehr wahrscheinlich spürt der Leistungsmensch jetzt Entlastung und es beginnt ein Gespräch.

Unser immer noch suchender Fahrgast:

»Hey, du suchst ja immer noch.«
»Ja sicher. Die Brieftasche muss ja …«

»Halt mal. DIE IST GEKLAUT.«

»Hä? Meinst du wirklich?«

»HALLO. DU TRÄUMST. SIE IST WEG. Nichts wie hinterher.«

»Echt?«

»JA. LOS. JETZT.«

Das klingt etwas rabiat. Aber es ist eigentlich total nett. Verneinung löst man nicht, indem man sich darüber freundlich austauscht. Man löst Verneinung, indem man sie UNTERBRICHT. Ein fast immer passender Satz ist: »Mein Eindruck ist, dass du dich nicht der Realität stellst, sondern dir etwas vormachst.«

Ein weiteres Beispiel: Gonzalez hat einen Teil seiner Aufgaben an die hilfsbereite Tanja übertragen und nicht mehr zurückgenommen. Die Realität ist, dass ihn diese Aufgaben überfordert haben. Er ist froh, dass Tanja die Arbeiten einfach weitermacht und spricht das vorsichtshalber auch nicht an. Dem Klammeraffen geht es bei Tanja sehr gut.

Tanja:	»Hör mal. Schöne Grüße von unserem Klammeraffen.«
Gonzalez:	»Was meinst du denn damit?«
Tanja:	»Ich habe dir ein paar Arbeiten abgenommen. Aus Hilfsbereitschaft. Erinnerst du dich?«
Gonzalez:	»Ja klar. Das war sehr nett von dir.«
Tanja:	»Genau. Hilfsbereitschaft bedeutet Helfen. Aushelfen. Für eine gewisse Zeit. Nicht auf Dauer.«
Gonzalez:	»Okay, ich verstehe. Ja klar. Wollen wir vielleicht nächsten Monat darüber sprechen. Ich bin im Moment Land

	unter.«
Tanja:	»Mein Eindruck ist, ich habe dich jetzt kalt erwischt.«
Gonzalez:	[Brummt peinlich berührt aber zustimmend]
Tanja:	»Ich merke, du weißt wovon wir jetzt gerade sprechen.«
Gonzalez:	[Brummt wieder]
Tanja:	»Du brummst.«
Gonzalez:	»Na ja. Ich verstehe ja.«
Tanja:	»Das freut mich. Und deshalb reden wir jetzt darüber, wie wir den Klammeraffen wieder zurück zu seinem eigenen Herrchen bringen können, okay?«
Gonzalez:	»Ja, natürlich ist das okay.«

Dies klingt alles recht einfach. Dies sind auch relativ »leichte Fälle«, weil sich der Zugang zur Realität und zur Selbstreflexion noch gut öffnen lässt. Häufen sich die Belastungssituationen im Leben eines Menschen jedoch, chronifizieren sich seine Reaktionen darauf. Dies erschwert den Zugang zu den eigenen Gefühlen und mindert die Bereitschaft, sich der Realität auszusetzen. Der Mensch ist dann partiell nicht mehr empfindsam, die Empathie ist teilweise deaktiviert. Damit ist der innere Prozess, der am Ende zu Kooperation führt, blockiert.

Das ist dann ein »schwieriger Fall«. Schwierig ist aber nicht der Mensch an sich. Schwierig ist, seine innere Empfindsamkeit wiederherzustellen. Das kann nicht jeder. Dafür braucht man manchmal Spezialisten. Diese Spezialisten verfügen aber nicht über zusätzliche geheime Instrumente. Sie wenden die gleichen Werkzeuge an, die wir hier kennen gelernt haben. Sie setzen sie nur genauer, sicherer und mutiger ein.

Stellen Sie sich folgende Situation mit Heinrich, dem Territorialen, vor. Er arbeitet als Global Key Account Manager, hat sich ein breites Netzwerk geschaffen und nutzt dies teilweise zu seinem eigenen Vorteil aus. Termin- und Preisabsprachen sind nicht immer transparent. Es ist der Eindruck entstanden, dass er gerne auch Kundenbesuche im Ausland plant, wenn ihm die Arbeit in Deutschland zu langweilig wird. Erst kürzlich war er in Sao Paolo. Niemand wusste so genau warum das notwendig war. Er trifft selbständige Entscheidungen ohne seinen Chef, den beziehungs- und leistungsorientierten Sigi, zu informieren. Wenn er gefragt wird, lächelt er wissend und sagt: »Ich weiß, nicht jeder hält mich aus.« Sein Benehmen stößt bei anderen immer häufiger auf Kritik. Er verhält sich teilweise grob, unhöflich und dominant. Viele weichen vor ihm aus. Vor allem die Kollegen aus dem Innendienst haben Schwierigkeiten, Kompromisse mit ihm zu finden. Sie streiten oft über Preise und Lieferdaten. Auch fühlen sich einige Kunden von ihm unangemessen behandelt, beschweren sich über sein saloppes Auftreten und seine grobe Redeweise. Trotzdem sind seine Resultate gut und seine Abschlussrate hoch. Sigi kommt nicht mehr um ein Gespräch herum. Er versucht es zuerst auf seine Weise und scheitert. Dann wendet er unsere Werkzeuge an. Beides könnte so aussehen:

1. Versuch

Sigi: »Hallo Heinrich. Guten Tag. Ich habe heute ein Thema.«

Heinrich:	[Lächelt freundlich]: »Na klar, Sigi. Immer gerne. Was hast du denn auf dem Herzen?«
Sigi:	»Ich bin mal direkt. Du fängst an, Leuten auf die Füße zu treten.«
Heinrich:	»Das mache ich doch immer.«
Sigi:	»Heinrich. Das ist jetzt mal ernst.«
Heinrich:	»Hör mal, stimmt was mit den Umsätzen nicht?«
Sigi:	»Nein, natürlich nicht.«
Heinrich:	»Na also. Weil ich die Kunden im Griff habe. Weil ich mein Geschäft verstehe. Und es gibt immer jemanden, der jammert. Aber sie können`s nicht besser.«
Sigi:	»Aber die Umsätze sind ja auch nicht alles.«
Heinrich:	»Was soll das denn heißen? Das aus deinem Mund. Du bist doch sonst immer der Umsatzantreiber für alle.«
Sigi:	»Ja, aber …«
Heinrich:	»Was ´Ja, aber´? Ist Muttertag?«
Sigi:	»Heinrich, wirklich im Ernst, du machst es manchen Leuten schwer, mit dir zusammenzuarbeiten. Und das ist auch ein Faktor bei uns.«
Heinrich:	»Dann sollen die doch direkt zu mir kommen.«
Sigi:	»Das trauen sich manche aber nicht.«
Heinrich:	»Huuh, Weicheier.«
Sigi:	»Mann …!«
Heinrich:	»Was willst du denn jetzt von mir? Mal ganz konkret?«

Sigi:	»Ich möchte, dass du mit den Kollegen aus dem Innendienst konzilianter umgehst, und …«
Heinrich:	»Das war bestimmt der Kuhlmann, der ist immer gleich ganz aufgeregt.«
Sigi:	»Nein, das ist nicht Kuhlmann alleine, auch Kunden finden dein Verhalten manchmal etwas zu direkt.«
Heinrich:	»Was? Wer denn? «
Sigi:	»Mir hat das einer aus Holland zugesteckt.«
Heinrich:	»Die Hollies. Die sind auch immer so empfindlich. Wahrscheinlich bin ich denen zu deutsch.«
Sigi:	»Und was hast du in Sao Paolo gemacht?«
Heinrich:	»Kunden besucht. Pereira, Santos und Lugas. Was soll das jetzt? Werde ich jetzt hier aufs Korn genommen?«
Sigi:	»Nein, aber du musst auch mal einen Schritt auf die Leute zugehen.«
Heinrich:	»Okay. Mach` ich. War`s das?«
Sigi:	»Heinrich, echt jetzt!«
Heinrich:	»Mann, ja.«
Sigi:	»Gut.«

Kurzer Check:
Hatte Sigi ein klares Ziel? Eher nein.
Konnte Sigi den Widerstand von Heinrich lösen?
Nein.
Nimmt Heinrich seinen Chef ernst? Nein.
Gab es einen echten Dialog? Nein.
Gab es am Ende ein verlässliches Ja-Wort? Nein.

2. Versuch

Sigi: »Hallo Heinrich. Guten Tag. Ich habe
             heute ein Thema.«
Heinrich: [Lächelt freundlich]: »Na klar, Sigi.
             Immer gerne. Was hast du denn auf
             dem Herzen?«
Sigi: »Ich bin mal direkt. Du fängst an,
             Leuten auf die Füße zu treten.«
Heinrich: »Das mache ich doch immer.«
Sigi: »Heinrich. Ist jetzt mal ernst.«
Heinrich: »Hör mal, stimmt was mit den
             Umsätzen nicht?«
Sigi: »Nein, natürlich nicht.«
Heinrich: »Na also. Weil ich die Kunden im Griff
             habe. Weil ich mein Geschäft verstehe.
             Und es gibt immer jemanden, der
             jammert. Aber sie können`s nicht
             besser.«

     Jetzt ändert Sigi den Kurs.

Sigi: »Siehst du, Heinrich?«
Heinrich: »Was denn?
Sigi: »Du machst das gleiche mit mir, was du
             mit anderen auch machst.«
Heinrich: »Was denn?»
Sigi: »Wenn dir jemand in dein Territorium
             tritt, fährst du sofort die Geschütze
             auf.«
Heinrich: »Hm … und?«
Sigi: »Das empfindet man in diesem
             Kulturkreis gemeinhin als unfreundlich
             und abgrenzend.«
Heinrich: »Sigi, du kennst mich doch.«

Sigi:	»Genau. Ich kenn dich. Ich sag dir noch was: ich schätze dich auch sehr.«
Heinrich:	»Und was kommt jetzt?«
Sigi:	»Du bist ein echter Haudegen.«
Heinrich:	[Versucht, ein Lächeln zu verbergen]
Sigi:	»Und ich finde das gut. Du bist engagiert und die Leute haben Respekt vor dir.«
Heinrich:	»Und …?«
Sigi:	»Und die anderen engagieren sich auch und die haben auch Respekt verdient. Klar?«
Heinrich:	»Haben die sich beschwert?«
Sigi:	»Heinrich. Was ist denn das für eine Frage? Irgendjemand beschwert sich immer über dich.«
Heinrich:	»Was willst du denn jetzt von mir?«
Sigi:	»Ich möchte, dass WIR BEIDE einen ‚clean deal‘ haben. Nichts unterm Tisch. Alles offen. Alles besprochen. Alles klar. Machst du da mit?«
Heinrich:	[Grummelt] »Alles offen? Willst du ins Gefängnis wandern?«
Sigi:	»Du bist echt eine harte Nuss. Für jeden. Verstehst du? Und deshalb unterhalten wir beide uns jetzt.«
Heinrich:	[Grummelt wieder]
Sigi:	»Und jetzt grummelst du. Dir passt das nicht. Das weiß ich. Würde mir auch nicht passen. Das haben wir beide gemeinsam.«
Heinrich:	»Wo hast du denn den Satz gelernt?«
Sigi:	»Gut, nicht? Funktioniert. Siehst du ja. Dir fällt nichts mehr ein.«
Heinrich:	»Mir fällt immer was ein.«

Sigi:	»Na prima. Dann lass uns jetzt mal reden. Machst du mit?«
Heinrich:	»Wir reden ja schon die ganze Zeit.«
Sigi:	»Nein. Ich will was von dir und du weichst die ganze Zeit aus. Das ist kein Reden. Das ist Abwehr.«
Heinrich:	»Was willst du denn genau von mir?«
Sigi:	»Das sage ich dir. Aber nur, wenn du jetzt auch mitmachst.«
Heinrich:	»Schieß los …«
Sigi:	»Es gibt drei Dinge, die mir aufgefallen sind. Erstens: Du baust dir dein eigenes Netzwerk auf und lässt keinen mehr in deine Karten gucken. Zweitens: Du verprellst Leute mit deinem sehr direkten Verhalten. Und drittens: Ich habe den Eindruck, wenn du keinen Bock mehr hast, setzt du dich ins Flugzeug und besuchst Kunden irgendwo in der Welt, da wo es gerade angenehm ist.«
Heinrich:	»Das ist schon krass, Sigi.«
Sigi:	»Was? Heinrich?«
Heinrich:	»Ich bin einer der besten Vertriebler hier und du fängst an, mich wie einen Anfänger zu behandeln.«
Sigi:	»Heinrich, jetzt lenkst du ab.«
Heinrich:	»Was?«
Sigi:	»Du lenkst ab. Darum geht`s doch gar nicht. Im Gegenteil. Du bist ein Profi. In unserer Liga. Auf unserem Platz. Und ich will, dass du auf diesem Platz bleibst. Und den Ball auch mal an die Mitspieler abspielst. Und nicht deinen

	eigenen Platz baust, irgendwo, in Brasilien zum Beispiel.«
Heinrich:	»Das waren wichtige Kundenbesuche.«
Sigi:	»Ich möchte mit dir gar nicht über die einzelnen Dinge sprechen. Es geht hier um was Generelles. Ich möchte – lass mich mal die richtigen Worte finden – ich möchte, dass du ein Mitspieler bist. Betonung auf `Mit`. Jetzt du.«
Heinrich:	»Sigi, wir kennen uns schon lange ...«
Sigi:	»Was wird das jetzt, Heinrich? Du lenkst schon wieder ab.«
Heinrich:	»Was willst du denn?«
Sigi:	»Ein Ja-Wort. Laut und deutlich.«
Heinrich:	[Kämpft sichtlich mit sich selbst]
Sigi:	»Ich sehe das fällt dir schwer.«
Heinrich:	»Was bekomme ich denn dafür?«
Sigi:	»Dass wir weiter Spaß haben zusammen. Sag JA!«
Heinrich:	»Na gut.«
Sigi:	»Du weißt was ich von dir will. Kooperatives Verhalten intern. Und typgerechte vertrauensbildende Ansprache der Kunden. Du bist ein alter Hase, du weißt wie das geht. Ist das okay? Auch mit den Hollies?«
Heinrich:	»Ja, ist okay.«
Sigi:	»Ist das ein hundertprozentiges Ja?«
Heinrich:	»Jaa.«
Sigi:	»Danke Heinrich.«

Kurzer Check:
Hatte Sigi ein klares Ziel? Ja.

Konnte Sigi den Widerstand von Heinrich jetzt lösen? Ja, zu 90 %.

Nimmt Heinrich seinen Chef ernst? Ja.

Gab es einen echten Dialog? Ja, zu 90 %.

Gab es am Ende ein verlässliches Ja-Wort? Ja, zu 90 %.

Sigi hat es geschafft, dass Heinrich ihn ernst nimmt. Heinrich kämpft jetzt mit sich selbst. Dieser Kampf ist noch nicht zu Ende. Sigi hat aber eine Eintrittskarte gezogen, Heinrich daran jederzeit zu erinnern. Das wird er zwei- bis dreimal machen müssen. Dann wird sich Heinrich neu ausrichten. Jedenfalls bis zur nächsten Erinnerung. Insgesamt ist dies aber ein gutes Ergebnis.

Heinrich ist kein wirklich schwieriger Fall, weil seine Selbstreflexion funktioniert. Er weiß selbst, dass er für andere eine Herausforderung sein kann, justiert sich auch selbst, wenn es ihm notwendig erscheint. Als schwierige Fälle erleben wir Situationen mit Menschen, deren Selbstreflexion ernsthaft blockiert ist und zu denen wir aus diesem Grund keinen Zugang finden. Dies ist dann der nächste Schritt auf unserer gemeinsamen Reise zu Kooperation und Potentialentfaltung. Solchermaßen schwierige Situationen betrachten wir im Folgeband der EDITION 99 mit dem Titel: Der Situations-Navigator.

Nachschlag

Wie Menschen ihre Interessen sortieren

Erfolgreiche Interaktionen zwischen Menschen beginnen mit dem Hinsehen und Einordnen. Wir haben hierzu die fünf wichtigsten Innenstrukturen von Menschen kennengelernt. Ein weiterer interessanter innerer Prozess ist die Art und Weise wie Menschen ihre Interessen sortieren. Es gibt sechs Kategorien, wobei jeder Mensch eine eigene Reihenfolge präferiert. Meistens gibt es auch hier eine primäre Präferenz – die vorherrschende – und eine sekundäre – die nachrangige. Diese sechs Kategorien sind:

- Menschen
- Aktivitäten
- Dinge
- Orte
- Informationen
- Genüsse

Wer seine Interessen primär nach dem Kriterium »Menschen« sortiert, verfügt in der Regel über eine starke Beziehungsorientierung. Verbundensein, Zugehörigkeit und der Austausch mit anderen Menschen geben einen sicheren Rahmen, verschaffen Orientierung und Gewissheit. In der Gegenwart ähnlich gestimmter Menschen fühlt sich dieser Typus wohl und anerkannt. In einem solchen Umfeld kann er sich frei entfalten.

Wer seine Interessen primär nach dem Kriterium »Aktivitäten« sortiert, ist eher nach außen gerichtet, handlungsorientiert und aktiv. Er empfindet in der Bewegung Verbundensein mit dem Leben und der Natur. Er spürt seine Kräfte und sein Beteiligtsein, fühlt sich lebendig. Meistens möchten Menschen dieses Typus Aktivitäten mit anderen gemeinsam erleben. Konkretes Handeln steht jedoch im Vordergrund. Die Kombinationen »Menschen/Aktivitäten« und »Aktivitäten/Menschen« kommen am häufigsten vor.

Wer seine Interessen primär nach dem Kriterium »Dinge« sortiert, verfügt häufig über ein ausgeprägtes ästhetisches Empfinden. Er könnte zum Beispiel ein Saxophon besitzen, es aber nicht spielen. Dennoch liegt es offen in seinem Wohnzimmer und er erfreut sich am Anblick. Bei Dingen geht es ihm nicht um Besitz, sondern um Bezug. Gegenstände erzählen Geschichten, in denen sich der Mensch eingebunden fühlt. Jemand könnte – ein weiteres Beispiel – drei Fahrräder besitzen und kauft sich noch ein viertes. Sie könnten ihn fragen, warum er dies macht, er hat ja schon drei. Daraufhin wird er Sie verwundert anschauen und sagen, ich finde sie einfach schön. Das ist kein Spleen, das bedeutet inneres Eingebundensein in Geschichten, die sein Leben bereichern und erfüllen.

Jemand, der seine Interessen primär nach dem Kriterium »Orte« sortiert, erlebt dort Sammlung und Ruhe oder auch Energie und Lebendigkeit. Das Umgebensein von Raum, das Sich-in-Räumen-befinden verschaffen ihm ein Gefühl von Orientierung, Sein und Inspiration. Solche Orte sind häufig Plätze, Landschaften, Bibliotheken, Museen, Stadien, Straßen, Städte oder einfach nur eine Parkbank. Sich dort aufzuhalten bedeutet nicht Rückzug, sondern Schöpfen. Der Raum wird zu einem Kraftort.

Menschen, die ihre Interessen primär nach dem Kriterium »Informationen« sortieren, erleben ebenfalls Orientierung, Zugehörigkeit und Inspiration. Sie sind neugierig, möchten verstehen, sammeln Wissen und fühlen sich dadurch in sicheren Koordinaten gut aufgehoben. Gleichzeitig können sie ihr Wissen mit anderen teilen und dadurch einen Beitrag leisten.

So sind alle auf unterschiedliche Weise erfüllt, beteiligt und verbunden. Die Präferenzen der Sortierung lassen sich an der gewählten Sprache erkennen. Ein Beispiel: Hier haben wir einen leistungsorientierten, extrovertierten und aktiven Menschen. Ihn interessieren überwiegend Aktivitäten und Menschen. Dort haben wir einen beziehungsorientierten, eher spürenden und reflektierenden Menschen, der sich vorrangig für Menschen und Orte interessiert. Beide haben einen freien Tag, treffen sich und fragen sich wechselseitig wie sie den Tag verbringen möchten.

Der eine sagt: »Ich hol' jetzt mein neues Rennrad aus der Garage, rufe meinen Kumpel Günther an und frage ihn, ob er mit mir die 50 Kilometer um den Grünwaldsee fährt [Aktivitäten und Menschen]. Willst du mitkommen?«

Der andere [Menschen und Orte] antwortet: »Günther kenne ich nicht so gut. Rennrad ist mir zu hektisch. Ich würde lieber Gisela und Rudi einladen, mit mir im Sessellift auf den Hasenbuckel rauf zu fahren und oben ein bisschen zu quatschen.«

»Oh nee«, sagt der erste, »das ist mir zu langweilig.«

»Und mir ist das Radfahren zu hektisch«, sagt der andere.

»Na dann viel Spaß«, sagen beide und gehen ihrer Wege.

Wer hat Recht? Beide. Kommen sie zusammen? Nein. Ist ja nicht schlimm, sagen Sie. Stimmt.

Schauen Sie sich nun die nächste Szene an. Ein Paar. Sie beziehungsorientiert, mit Interesse an Menschen. Er leistungsorientiert, mit Interesse an Aktivitäten.

Sie: »Ich würde heute gerne Bernd und Ulrike treffen.«

Er: »Und was machen wir mit denen?«

Sie: »Man muss doch nicht immer etwas machen. Ich möchte sie einfach nur mal wiedersehen.«

Er: »Wiedersehen? Und dann? Irgendwas muss man doch machen.«

Sie: »Du willst immer irgendetwas machen. Es reicht doch, wenn man sich mal Zeit nimmt und sich nur so trifft.«

Er: »Nur so treffen? Wie? Und dann?«

Sie: [Verlässt stöhnend den Raum]

Beide Situationen veranschaulichen das vielfältige und empfindliche Verhalten von Menschen. Im ersten Fall kommen beide nicht zusammen, tolerieren das und gehen friedlich eigenen Interessen nach. Im zweiten Fall führen kleine Unterschiede in der Interessenreihenfolge zu Störungen in der Beziehung. Bei Menschen liegen diese beiden Möglichkeiten sehr nahe beieinander. Ein falsches Signal und Verbindungen können schnell in die Brüche gehen. Das gilt vor allem dann, wenn nicht genug Zeit und Gelegenheiten vorhanden waren, sich genauer kennenzulernen.

Wenn ein Orte-Mensch irgendwo hinkommt, sucht er sich erst einmal einen schönen Platz und bleibt dort sitzen. Wenn ihn jemand fragt, was er da macht, sagt er:

»Ich sitze hier.«
»Und?«
»Ich genieße den Moment.«
»Und willst du nicht mal was machen?«
»Wieso? Ich mach doch was.«
»Na, du sitzt.«
»Ja, eben.«

Vielleicht erinnert Sie diese Szene an Loriot. Er hat dazu tatsächlich einen schönen Sketch gezeichnet [Die vollständige Fernseh-Edition, Disc 3, Feierabend]. Für einen Aktivitäten-Menschen ist dies schwer nachvollziehbar. Ein Orte-Mensch gewinnt aus dem ihm umgebenden Raum Ruhe und Kraft. Er kann sich sammeln und neu ordnen. Er schöpft Inspiration und neue Energie. Es ist also nicht so, dass er „nichts macht". Er macht in diesem Moment nur nichts Aktives im Äußeren. Er verlagert seine Aufmerksamkeit nach innen und ist dort aktiv. Wenn Sie ihm näherkommen möchten, dann sagen Sie ihm einfach: »Ich setzte mich mal dazu und genieße den Moment.« Dann wird er Sie überrascht anschauen und sich freuen.

Gar nicht so selten und auch interessant sind Menschen, die sich für Dinge und Informationen interessieren. Das sind oftmals »Sammler«. Sie sammeln zu Beispiel Bierkrüge und können zu jedem Krug eine Geschichte erzählen.

Darüber hinaus gibt es Menschen, die sich für Orte und Informationen interessieren. Sie unternehmen gerne Städtereisen und nehmen dann an geführten Stadtrundfahrten teil.

Schließlich gibt es die Genuss-Menschen. Ihr liebster Ort ist die Markthalle. Schon beim Betreten läuft ihnen das Wasser im Mund zusammen. Sie schlendern genüsslich von Stand zu Stand und probieren überall gerne. Beim Kochen verlieren sie leicht den Bezug zu ihrer Umgebung. Gäste werden für einen Moment vergessen. Die Aufmerksamkeit versinkt fast völlig in den Zutaten und den Momenten, in denen die physikalischen und chemischen Prozesse auf Herd und im Backofen ein geschmackliches Kunstwerk zaubern. Sie lieben große bequeme Sitzmöbel, in denen sie weich versinken können. Wenn man ihnen dann noch einen besonders aromatischen Kaffee serviert, schwelgen sie im 7. Himmel. Sie tragen vorzugsweise Kleidung, die sich gut anfühlt. Die stilgerechte Kombination von Farben, Stoffen und Accessoires, wie zum Beispiel bei Herren Einstecktücher und Manschettenknöpfe, tritt eher in den Hintergrund.

All dies ist »normal«. Eigentlich sind fast alle Menschen »normal«.

Wenn es schnell gehen soll

Vielleicht denken Sie, es sei schwierig, Menschen so genau wahrzunehmen und einzuordnen. Mit etwas Übung wird Ihnen das gelingen. Der Grund: Sie verfügen über einen hochklassigen inneren Scan, dem Sie voll und ganz vertrauen dürfen. Und wenn Sie diesen Scan ab jetzt bewusst einsetzen, wird er von Tag zu Tag klarer und zuverlässiger. Der Schlüssel zum Erfolg heißt: Hinsehen und Hinhören. Hier ein paar zugespitzte Beispiele:

»Platzsuche«

M[acht]   »Mach mal Platz.«
O[rdnung]   »Pardon, ist dieser Platz bereits belegt?«
B[eziehung]   »Äh, Entschuldigung, ob ich da vielleicht
               noch reinpasse?«
I[nnovation]   »Schon gut, ich setz mich auf'n Fußboden.«
L[eistung]   »Ist doch egal, ich kann auch stehen.«

»Darf ich Sie mal ansprechen?«

M   »Was denn?«
O   »Selbstverständlich, ich stelle nur eben das
    Handy stumm.«
B   »Ja bitte, nehmen Sie doch Platz. Möchten Sie
    einen Kaffee?«
I   »Klar immer.«
L   »Was? Wieso? Geht's schnell?«

»Ich brauche schnell mal etwas von Ihnen!«

M   »Das höre ich dreimal am Tag.«
O   »Warten Sie bitte. Ich bringe das hier eben noch
    zum Abschluss und dann können wir uns
    unterhalten.«
B   »Oh ja natürlich. Was haben Sie denn auf dem
    Herzen?«
I   »Da bin ich jetzt aber neugierig.«
L   »Schnell ist gut. Na los.«

»Mich interessiert mal Ihre Meinung.«

M   »Wollen Sie sich einschleimen?«
O   »Das ehrt mich. Worum geht es denn?«
B   »Ach das ist ja nett. Ich hoffe, dass ich Ihnen
    behilflich sein kann.«
I   »Haben Sie denn ein spannendes Thema?«
L   »Eigentlich gerne, geht das auch später?«

Wenn Sie eine erste Einschätzung zum Persönlichkeitstypus Ihres Gesprächspartners entwickelt haben, sprechen Sie ihn in seiner Sprache, seinem Verhalten und Tempo an. Er erkennt sich dann in Ihnen wieder und sein Scan wird sich aufgrund der gefühlten Ähnlichkeit entspannen. Hier ein paar Tipps:

M   Standhaft bleiben, nicht wackeln, nicht beschwichtigen, direkte Ansprache wählen, nicht zu höflich sein, zur Sache kommen.

O   Wählen Sie bitte eine höfliche, nicht zu direkte Ansprache. Halten Sie respektvoll Distanz. Lassen Sie Ihr Gegenüber die Agenda des Gesprächs strukturieren. Sprechen Sie maßvoll, nicht zu schnell und nehmen Sie sich Zeit für Details.

B   Nehmen Sie sich Zeit für Persönliches, atmen Sie ruhig, bleiben Sie entspannt. Erzählen Sie auch von sich, aber erst nachdem Ihr Gegenüber genug Zeit hatte, sich mitzuteilen. Drängen Sie nicht. Wenn die Zeit gekommen ist, richten Sie das Gespräch auf die Themen, die Ihnen wichtig sind.

I   Tauschen Sie sich über Ideen aus. Sollten Sie gerade keine haben, lassen Sie sich von Ihrem kreativen Gegenüber inspirieren. Mehr ist nicht erforderlich. Und schränken Sie keinesfalls versehentlich dessen Freiheit ein.

L   Nicht lange rumreden. Auf den Punkt kommen. Etwas schneller als gewöhnlich sprechen. Das war's schon.

Und jetzt bleibt nur noch eine Frage:

Ja oder Nein?

Sollten Sie sich nun einen Menschen anschaffen oder lieber nicht? Diese Frage lässt sich auf zwei Arten beantworten: »Weg-von«, was sind die unangenehmen Folgen, wenn Sie sich keinen anschaffen? Oder »Hin-zu«, was könnten positive Gründe sein, dies doch zu tun. Wenn Sie sich KEINEN Menschen anschaffen, VERMEIDEN Sie wahrscheinlich jede Menge Stress, es hat für Sie jedoch auch unangenehme Folgen.

Wirkt in Ihnen ein hoher Beziehungsanteil, stellt sich diese Frage eigentlich gar nicht. Sie wissen es bereits selbst, ohne Menschen werden Sie emotional vereinsamen.

Verfügen Sie über einen ausgeprägten Ordnungsanteil, werden Sie sich vermutlich erst einmal erleichtert fühlen. Dann werden Sie nach und nach geistig verarmen und ebenfalls vereinsamen.

Wenn Sie ein Leistungstyp sind, werden Sie erst einmal das Gefühl genießen, freie Bahn zu haben. Keiner hält Sie auf. Dann werden Sie sich irgendwann umschauen, niemanden sehen und sich fragen, wozu Sie das eigentlich alles machen. Dann werden Sie plötzlich ein Gefühl großer Nutzlosigkeit empfinden.

Wenn Sie ein Macht-Typ [Territorium] sind, werden Sie Menschen erstmal nicht vermissen, aber Sie werden erstaunlich schnell merken, dass Sie ohne Menschen nichts erreichen können. Ein ärgerliches Gefühl von Bedeutungslosigkeit wird sich dann in Ihnen ausbreiten.

Wenn Sie ein Innovator sind, werden Sie erstmal die grenzenlose Freiheit erleben. Und dann? Ein Innovator ohne die 84 % Spätzünder? Auch uncool.

Dies alles wird vermutlich passieren, wenn Sie Menschen vermeiden. Das war die »Weg-von-Motivation«. Was würde nun aus einer »Hin-zu-Motivation« folgen? Warum wäre es für Sie ein Gewinn, mit Menschen zusammenzuleben? Wahrscheinlich hat jeder darauf eine eigene sehr persönliche Antwort und der möchten wir an dieser Stelle Raum lassen.

Leseprobe

Der Situations-Navigator – Band 1
Wie Sie in unübersichtlichen Führungslandschaften
immer die richtigen Lösungswege finden
[Erscheint voraussichtlich im September 2021]

Teil 1
Die Suchmaschine

Die meisten Menschen lieben Suchmaschinen. Eine Fülle
von Informationen wird dadurch für sie zugänglich. Sie
finden schnell, was sie benötigen und können sich immer
orientieren. Das tägliche Miteinander der Menschen führt
oft zu Problemsituationen. Hierfür brauchen sie Lösungen.
In der Komplexität der Situationen verlieren Menschen
jedoch oftmals die Übersicht, finden nicht schnell genug
die passende Lösungsstrategie und geraten in Sackgassen.
Um dies zu vermeiden gibt es diese Suchmaschine, diesen
Situations-Navigator.

Situationen, in unserem Verständnis, sind immer
Interaktionen zwischen Menschen. Ein Beispiel: Sie
bleiben mit Ihrem Auto im Schneesturm stecken. Isoliert
betrachtet ist dies keine Situation, mit der wir uns hier
beschäftigen. Wenn Ihr Beifahrer jedoch stöhnend sagt,
»Das habe ich kommen sehen, aber du hast ja nicht auf
mich gehört«, dann springt unsere Suchmaschine an. Um
den Einstieg in die Anwendung des Situations-Navigators
so einfach und konkret wie möglich zu gestalten,
betrachten wir zunächst nur Situationen zwischen *zwei*
Menschen. Situationen, an denen mehrere Personen
beteiligt sind, folgen im weiteren Verlauf dieser Buchreihe.
Dies könnten Situationen sein, wie beispielsweise ein Streit
zwischen Mitgliedern eines Vereins während einer
Mitgliederversammlung, das Führen von Teams durch
Krisen, Spannungen in einer Dreiecksbeziehung oder die
misslungene Geburtstagsfeier einer siebenköpfigen
Familie. Um den Einstieg weiterhin zu vereinfachen,

betrachten wir vorrangig Situationen zwischen zwei Menschen in der Arbeitswelt. Die bunte Welt der privaten Interaktionen folgt später – Situationen, wie beispielsweise Bewerbungen für einen Mietvertrag, Ärger mit einem lauten Nachbarn, Mobilfunkanbieter, die einen in einer Warteschleife schmoren lassen, mit den sich endlos wiederholenden Worten »Uns ist ihr Anruf wichtig«, oder hustende, schniefende und laut telefonierende Menschen, mit denen Sie in Bussen, Bahnen oder Flugzeugen stundenlang eingezwängt sind.

Zunächst konzentrieren wir uns auf Situationen zwischen zwei Personen in der Arbeitswelt. Auch in der Arbeitswelt gibt es eine komplexe Vielfalt von Situationen. Wir fokussieren uns im Folgenden auf Führungssituationen.

Der Situations-Navigator im Überblick.

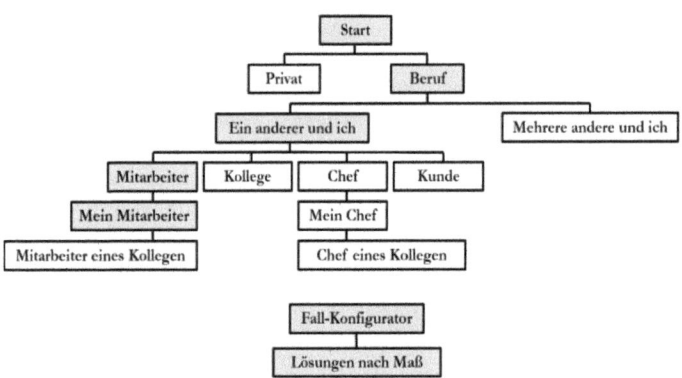

Wir folgen diesem Pfad: Start – Beruf – Ein anderer und ich – Mitarbeiter – Mein Mitarbeiter – Fall-Konfigurator – Lösungen nach Maß.

Sie könnten jetzt denken, dass jede Situation einzigartig und eine Fall-Konfiguration gar nicht möglich ist. Obwohl es eine unübersehbare Anzahl an verschiedenen Situationen zu geben scheint, können Sie bei näherem Hinsehen Wiederholungen und Muster erkennen. Diesen Mustern folgen wir. Der Nutzen für Sie ist, dass Sie durch diese gedankliche Struktur die Anzahl der Fälle sortieren und in der Vielfalt sicherer navigieren können. Wenn Sie erst einmal auf der richtigen Spur sind, können Sie sich mit den individuellen Details der jeweiligen Fallsituationen genauer beschäftigen.

01
Jeder kann führen

Der Situations-Navigator soll sowohl offiziellen Führungskräften dienen, als auch den vielen unerkannten. Jeder Mensch in einem Unternehmen wird früher oder später mit einem anderen Kollegen zusammenarbeiten, Ideen austauschen, Probleme lösen, Entscheidungen treffen und gemeinsam etwas schaffen. Jeder der Beteiligten gestaltet damit einen speziellen Leistungsprozess und versucht, ihn zu einem positiven Abschluss, zu einer guten Lösung, einer Entscheidung und einer schnellen Umsetzung zu führen. Auch dies ist Führungsarbeit. Diese unerkannte, inoffizielle Führungsarbeit wird in Zukunft immer wichtiger werden. Wir nehmen gerade Abschied von alten Führungstraditionen, Rollen und Hierarchien. Diese wird es in Zukunft so nicht mehr geben. Die Alten zucken jetzt und sagen: »Das glaube ich nicht« und halten an alten Denk- und Verhaltensmustern fest. Ein Blick ins Handelsblatt vom 8. Juli 2019 macht dies – unbeeindruckt von aktuellen Trends – sichtbar. Man liest folgende Sätze und Überschriften: »Die meisten Führungskräfte wünschen sich eine starke Führungsfigur«, »Die Sehnsucht nach dem Alphatier«, »Führung wichtiger denn je«, »Die Menschen sehnen sich nach Leadership«. Aber das ist nur noch ein Echo. Die neuen Generationen haben sich längst auf den Weg gemacht, die Zusammenarbeit von Menschen in

Organisationen neu zu denken. Und sie werden dies auch bald in die Tat umsetzen.

Die wichtigsten Leitgedanken dabei sind: Selbstreferenzielle Situationsanalysen unabhängig von benchmarkenden Unternehmensberatern, Co-Kreation und Selbst-Wirksamkeit von Teams vor allem an Schnittstellen. Derzeit gibt es dazu viele unterschiedliche Auffassungen und Perspektiven. Es wird diskutiert, ob Führungskräfte künftig überhaupt noch erforderlich sind. Die einen wollen auf sie verzichten, wahrscheinlich aufgrund jahrelanger schlechter Erfahrungen. Die anderen haben Angst, überflüssig zu werden. Selbstorganisation wird als Ziel ausgerufen. Die erstaunliche Realität ist, dass sich Menschen immer in einem Zustand der Selbstorganisation befunden haben und weiterhin befinden werden. Die Natur hat keine Führer und Geführten hervorgebracht. Von Natur aus sind wir alle gleichrangig und zunächst einmal führerlos. Das Leben ist somit ein überdimensionales Selbstorganisationsexperiment und wir befinden uns mittendrin. Selbstorganisation ist das Grundprinzip jeder menschlichen Interaktion. Gleichzeitig hat sich ein hierarchisches Ordnungsprinzip als bevorzugtes Modell durchgesetzt: Familienoberhäupter – Clan-Chefs – Häuptlinge – Kapitäne – Parteivorsitzende – Präsidenten – und eben Führungskräfte.

Das ist nicht überraschend. Selbstorganisation ist die zwangsläufige Folge eines Ordnungsvakuums. Gedankliche und emotionale Vakuumzustände werden von Menschen meist als verwirrend und verunsichernd erlebt. Sie suchen dann nach Orientierung und Sicherheit. Im Sinne kooperativer Selbstorganisation müssten sie sich nun gemeinsam und wechselseitig Orientierung und Sicherheit geben. Wenn sich aber orientierungslose und verunsicherte Menschen zusammenschließen, entsteht erst einmal ein orientierungsloses und verunsichertes Kollektiv. Damit ist noch nichts erreicht. Jetzt schlägt die Stunde der sogenannten Alphatiere. Dominante Persönlichkeiten erleben Vakuum nicht als verunsichernd, sondern als freies

Territorium. Ohne lange nachzudenken, übernehmen sie es einfach. Alle anderen schauen zu, sind vielleicht für einen Moment empört, wägen dann ihre Chancen für Rebellion ab, machen einen Schritt zurück, weichen aus und fühlen sich am Ende sogar erleichtert, dass jetzt eine »starke Persönlichkeit« für sie sorgt. Psychoanalytiker sprechen von einem Abhängigkeitsbedürfnis [Otto F. Kernberg, Ideologie, Konflikt und Führung, Psychoanalyse von Gruppenprozessen und Persönlichkeitsstruktur, Klett-Cotta, 2000]. In diesem Moment entstehen Hierarchien. Bei realistischer Betrachtung wird das hierarchische Prinzip als Ordnungsmodell noch lange Bestand haben.

Was aber keinen Bestand mehr haben wird, sind Dominanzhierarchien, die von selbstbezogenen Einzelpersonen geprägt sind. Autokraten sterben aus. Klicken Sie Youtube »Winterkorn Hyundai« und Sie wissen, warum. Was dieses gefühlte Vakuum künftig füllen wird sind Kooperationshierarchien intelligenter Experten. Jedes organisierte Verhalten von Menschen erfordert Ideen, Problemlösungen, Entscheidungen und die möglichst schnelle Umsetzung in reales Handeln und sinnvolle Ergebnisse. Niemand kann das allein. Dies wird nur möglich durch das Zusammenwirken von Menschen mit ganz unterschiedlichen Kompetenzen. Kluge Köpfe lassen sich nicht aufhalten. Im Zweifel gründen sie ihre eigenen innovationsbasierten Organisationen. Gleichzeitig überlassen sie aber nichts dem Zufall – oder dem noch so gut gemeinten Engagement nicht ganz so kluger Köpfe. Sie werden intelligente Kooperation als Denk- und Umsetzungsfundament etablieren, aber nur solche Persönlichkeiten im innersten Zirkel daran beteiligen, die sich auf gleicher Höhe befinden. Dadurch bilden sich nachrangige Ebenen. Hierarchien bleiben bestehen. Schließlich befinden sich alle, die in solch kooperativen Unternehmensformen mitarbeiten, immer in Vertrags-verhältnissen und werden definierte Leistungen erbringen müssen. Idealerweise werden sie an Umsetzungs- und Feedbackprozessen co-kreativ beteiligt.

Dadurch entstehen neue Ordnungsdynamiken, in denen sich neuzugestaltende Rollen miteinander vernetzen. Dominantes Führungsgehabe wird durch intelligente Kooperation ersetzt, die vertikales Denken in hierarchischen Silos überwindet und sich in die Horizontale über Abteilungsgrenzen hinweg entfaltet. Dies ist ein ständiger Balanceakt und führt zu besonderen Herausforderungen für künftige »Mitarbeiter«. Sie müssen in der Lage sein, auf Augenhöhe selbstorganisiert zu kooperieren, müssen sich durch Kompetenz legitimieren, ihr relevantes Beziehungsnetzwerk belastbar pflegen und ständig verhandlungsfähig sein [Dieser Gedanke folgt dem Artikel »How to Lead Your Fellow Rainmakers«, Harvard Business Review, March – April 2019].

Bildung wird zu einem entscheidenden Faktor für das Gelingen künftiger organisationaler Interaktionsprozesse. Zu diesem speziellen Bildungsportfolio gehören neben Expertenwissen vor allem Führungs- und Verhandlungskompetenzen. Künftige »Mitarbeiter« müssen also selbst zu Führungskräften werden. Allerdings in einer neuen Rolle. Ebenso werden bisherige Führungskräfte andere Rollen annehmen. Ihre Aufgabe wird dann überwiegend darin bestehen, Teams nach außen und innen zu schützen und bei Bedarf die Schnittstellen zu managen. Selbstorganisierte Teams arbeiten oft in Grenzbereichen. Hier lauern unbekannte Gefahren. Dies erfordert klare Sicht und einen schützenden Rahmen. Es wird dann keine klassischen Führungskräfte und Mitarbeiter mehr geben, sondern nur noch Experten, die sich wechselseitig gemeinsam führen. Sie werden sich Kollegen für jeweils relevante Führungsaufgaben auswählen, so wie die Berliner Philharmoniker ihre Dirigenten selbst wählen. Und sie werden für jedes Stück einen anderen Dirigenten wählen. So arbeiten selbstorganisierte Teams heute schon und nennen das »Führen nach Kompetenzen«.

Was neben einem neuen Rollenverständnis hierzu notwendig ist, ist vor allem die völlige Transparenz und jederzeitige Verfügbarkeit von Führungswerkzeugen für alle am Leistungsprozess Beteiligten. Diese Transparenz soll der Situations-Navigator herstellen. Jeder wird gebraucht. Jeder muss führen können. Jeder darf führen. Jeder kann führen.

02
Die Top-Ten-Führungssituationen

»If you make it here, you make it anywhere« – Nachfolgend finden Sie zehn typische Situationen und eine Denksportaufgabe. Ordnen Sie diese Fälle in der Reihenfolge ihrer Schwierigkeitsgrade:

- Leicht
- Mittel
- Schwierig
- Grenzwertig

Noch ein Tipp zur Aufgabe. Es geht nicht darum wie schwierig *Sie* diese Fälle *für sich selbst* erleben und einordnen. Es könnte ja sein, dass ein an sich schwieriger Fall aufgrund Ihrer Erfahrungen für Sie recht einfach zu lösen ist. Umgekehrt könnte auch ein relativ einfacher Fall für Sie zu einer Hürde werden, weil Sie sich mit einem solchen Fall noch nie beschäftigt haben. Wenn jeder seinen eigenen persönlichen Schwierigkeitsmaßstab an Situationen anlegt, hätten wir am Ende so viele Beurteilungsmaßstäbe wie es Führungskräfte gibt. Dann gäbe es keine verlässlichen, transparenten und schließlich gerechten und für alle gleichermaßen verbindlichen Rahmenbedingungen für die Beurteilung von Situationen. Und es gäbe auch keine klare Linie bei der Entwicklung und Umsetzung von Lösungen. Die Folge wäre ein unabgestimmtes willkürliches Verhalten aller Beteiligten. Sie benötigen also allgemeine Beurteilungskriterien für den Schwierigkeitsgrad einer Situation unabhängig von Ihrer gegenwärtigen persönlichen Lösungskompetenz. Versuchen Sie bitte, diese Kriterien zu definieren und ordnen Sie dann die Fallsituationen ein. Danach betrachten wir die notwendigen Werkzeuge und Kompetenzen, um diese Fälle sicher und erfolgreich lösen zu können.

Hier nun die zehn Fälle:

1. Tanja

… ist 35 Jahre alt und arbeitet im Order-Handling. Der Vertrieb hat den Verkauf von Komponenten-Produkten erhöht, die für lange Zeit keine hohe Priorität hatten. Der Vertrieb will diese Produkte als Türöffner nutzen. Die Lieferungen der einzelnen Komponenten werden von der Logistik-Abteilung koordiniert, die auch Tanja informieren soll, damit sie die Produktion termingerecht auslösen kann. Der zuständige Teamleiter in der Logistik, Gonzalez, ist neu in dieser Rolle und noch unsicher. Es hat sich ein erheblicher Rückstau gebildet. Während der letzten drei Monate war er nicht in der Lage, seine Aufgaben zu erledigen. Komponenten wurden im Lager angeliefert, ohne dass davon jemand wusste. In der Folge wurden Termine in der Produktion nicht eingehalten. Kunden beschweren sich. Der Vertrieb klagt ebenfalls, aber nicht über die Logistik-Abteilung, sondern über Tanja. Sie hat bereits mit Gonzalez gesprochen, aber ohne Erfolg. Tanja möchte dieses Problem nicht zu Lasten der Kunden austragen und steuert Teile des Logistik-Prozesses weiterhin selbst. Sie überprüft den Stand der Anlieferungen und stellt dadurch die Montage der Komponenten sicher. Gleichzeitig kommt sie ihren eigenen Aufgaben nicht mehr nach. Sie gleicht das mit Überstunden aus. Sie sind Tanjas Vorgesetzter, nicht der von Gonzalez. Sie haben die Situation bemerkt und möchten Tanja ansprechen. Ziel ist, dass sie die Aufgaben von Gonzalez nicht mehr übernimmt.

Leicht – Mittel – Schwierig – Grenzwertig?

2. Ludwig

… ist 52 Jahre alt und verfügt über viel Wissen und Erfahrung. Er ist einerseits detailorientiert, liefert sehr gute Arbeitsergebnisse und kaum jemand verfügt über mehr Kenntnisse als er. Andererseits ist es nicht leicht mit ihm zusammenzuarbeiten, weil er wenig zugänglich ist, anderen keine Hilfe anbietet und zum Ausdruck bringt, dass er manche Kollegen für wenig kompetent und engagiert hält. Ludwig soll nun sein Wissen an zwei neue Kollegen weitergeben, tut es aber nicht und findet viele Argumente dagegen. Ihm ist das auch bewusst. Er weiß, dass es für andere nicht einfach ist, mit ihm zu arbeiten. Trotzdem hält er alle, die nicht so gewissenhaft und detailorientiert sind wie er, für ungeeignet. Er fühlt sich nicht verpflichtet, sein Wissen und seine Erfahrungen mit diesen Personen zu teilen. Wenn jemand etwas wissen möchte, solle er doch fragen. Er sollte aber besser die richtigen Fragen stellen. Er sei ja schließlich nicht der Ausbilder dieser Leute. All das macht die Arbeit mit ihm nicht gerade einfach. Als sein Vorgesetzter ist Ihnen wichtig, dass Ludwig sein Wissen mit den beiden neuen Kollegen teilt. Sie suchen das Gespräch, befürchten aber, dass er Ihren Wunsch ablehnen wird.

Leicht – Mittel – Schwierig – Grenzwertig?

3. Susan

… ist eine erfolgreiche und innovative Mitarbeiterin, stets voller guter Ideen. Sie ist Ingenieurin und arbeitet an einem Spezialprojekt für einen wichtigen Kunden. Das Projekt läuft bereits zwei Jahre und Susan hat sichtbar die Lust daran verloren. Allerdings befindet sich das Projekt in der letzten Phase und muss in den nächsten drei Monaten ordnungsgemäß abgeschlossen werden. Solange wird Susans volles Engagement noch benötigt. Für die Zeit danach sind bereits neue Projekte in der Pipeline. Sie sind ihr Manager, haben herausgefunden, dass sie bereits ein neues Projekt gestartet hat und versucht, den »Turbostat

ZX 3500« zu optimieren. Sie hat dazu aber von niemandem einen Auftrag erhalten. Ihr Ziel ist, dass sie das alte Projekt fachgerecht abschließt und sich danach dauerhaft in die Teamprozesse einbringt.

Leicht – Mittel – Schwierig – Grenzwertig?

4. Rudi

… verfügt über solides Fachwissen. Er baut Beziehungen auf und kooperiert mit anderen, um die Arbeit schnell zu erledigen. Er ist selbstsicher, aber nicht selbstbezogen. Er teilt sein Wissen gerne und reflektiert eigene und fremde Arbeit auf allseits geschätzte Weise. Er sucht immer Gelegenheiten, um zu lernen und sich zu verbessern. Auch unter Druck kann man sich auf ihn verlassen. Jetzt hat er plötzlich ein Problem. Seine neue Freundin startet ihr eigenes Geschäft. Sie baut und verkauft Surfbretter in einem Laden am Strand. Das Geschäft läuft von Freitagmittag bis Sonntagabend. Sie erwartet, dass Rudi sie dabei unterstützt. An den letzten drei Montagen kam Rudi erheblich zu spät zur Arbeit. Sie sind sein Vorgesetzter und haben das bemerkt. Da Rudi ein guter und ansonsten verlässlicher Mitarbeiter ist, ist ihm das selbst peinlich. Allerdings erwartet er auch Ihr Verständnis und Ihre Unterstützung. Sie machen den ersten Schritt und sprechen das Thema an.

Leicht – Mittel – Schwierig – Grenzwertig?

5. Daniel

… ist 32 Jahre alt und als Arbeitsjurist in der Personalabteilung tätig. Er ist frisch verheiratet, seine Frau ist schwanger und beide haben gerade mit Krediten ein Fertighaus gebaut. Als Jurist ist er hervorragend ausgebildet, Fälle zu analysieren und detaillierten fachkundigen Rat zu erteilen. Sein Aufgabenbereich wurde kürzlich erweitert. Er ist nunmehr verantwortlich für die Zusammenarbeit mit Betriebsräten und Gewerkschaften.

In diesem Zusammenhang soll er Betriebsvereinbarungen vorbereiten, eigenverantwortlich verhandeln und abschließen. Dazu muss er strategische Entscheidungen treffen und mit Verhandlungsstärke umsetzen. Daniel verhält sich erkennbar unsicher, spricht dies aber nicht an, sondern tut so als wäre alles in Ordnung, »er hätte nur sehr viel zu tun« und vergräbt sich in den Akten laufender Arbeitsgerichtsverfahren. Die dringenden Betriebsratsthemen kommen nicht voran. Der Betriebsrat beklagt sich bereits. Sie denken, dass es an der Zeit ist, mit Daniel zu sprechen.

Leicht – Mittel – Schwierig – Grenzwertig?

6. Herrmann

… arbeitet seit vielen Jahren als leitender Ingenieur für Entwicklung und Produktion hochwertiger Messgeräte. Hierfür werden auch Bauteile von externen Lieferanten benötigt, die von der Einkaufsabteilung beschafft werden. Der zuständige Einkaufsleiter hat von Herrmann Spezifikationen erhalten, Angebote eingeholt und darauf bestanden, kostengünstigste Produkte einzukaufen. Herrmann hat das deutlich abgelehnt und die Beschaffung selbst übernommen. Er hat dem Einkaufsleiter gesagt: »Das ist mein Gebiet. Da entscheide ich selbst. Ich weiß am besten, welche Bauteile wir brauchen. Halten Sie sich da raus.« Er hat sich mit der Zeit ein breites Netzwerk aufgebaut, auch mit Lieferanten, und das hat er jetzt genutzt. Preisabsprachen sind dabei nicht immer transparent. Herrmann hat mit den Lieferanten verhandelt und sich für bestimmte Produkte entschieden. Auch die Preise hat er verhandelt. Die Lieferanten haben sich ordnungsgemäß, wie sie das gewohnt sind, an den Einkauf gewandt, um sich Bestellnummern zu besorgen. Der Einkaufsleiter hat sich darüber irritiert gezeigt und den Lieferanten erklärt, dass sie zunächst einmal mit ihm verhandeln müssten. Die Lieferanten sind verwirrt. Alle beschweren sich. Herrmann trifft häufig selbständige

Entscheidungen ohne seinen Chef zu informieren. Wenn er gefragt wird, lächelt er und sagt: »Ich weiß, ich bin ein harter Brocken. Ich lasse mir nicht von jedem reinreden. Deshalb bin ich auch so erfolgreich.« Sein Benehmen stößt bei anderen immer häufiger auf Kritik. Er verhält sich teilweise grob, unhöflich und dominant. Viele weichen ihm aus. Vor allem der Einkauf hat Schwierigkeiten, Kompromisse mit ihm zu finden. Trotzdem sind seine Resultate gut und die Qualität, die er liefert, zuverlässig hoch. Sie – als Chef von Herrmann – haben davon erfahren und müssen jetzt handeln. Um ein Gespräch kommen Sie nicht mehr herum.

Leicht – Mittel – Schwierig – Grenzwertig?

7. Janina
… ist eine sehr effektive Mitarbeiterin. Sie ist schnell auf den Punkt, verschwendet keine Zeit und ist immer ziel- und ergebnisorientiert. Aufgrund zusätzlicher Kunden-anforderungen und dringender Termine ist Janina unter Druck geraten. Sie können die Stresssignale deutlich sehen. Sie wird immer schneller, kommuniziert mit anderen, die sie im Leistungsprozess unterstützen könnten, immer weniger oder auf eine Weise, dass ihr keiner mehr folgen kann. Sie baut Überstunden auf. Ihre Leistung verliert Qualität. Vor drei Wochen hat dies begonnen und ein Ende ist nicht in Sicht. Sie sind ihr Manager. Ihr Ziel ist, dass Janina ein angemessenes Tempo findet und sich wieder mit allen Beteiligten sinnvoll abstimmt.

Leicht – Mittel – Schwierig – Grenzwertig?

8. Santosh
… leitet seit einem Jahr ein Team im Marketing und ist für globale Markenstrategie verantwortlich. Diese soll er für fünf Marken in sieben Ländern entwerfen. Er zögert jedoch, strategische Entscheidungen zu treffen. Dadurch ist ein Handlungsvakuum entstanden. Die jeweiligen

Länderchefs haben begonnen, dieses Vakuum mit eigenen lokalen Strategien zu füllen. Dafür verwenden sie erhebliche Anteile des gemeinsamen Budgets. Santosh kommt regelmäßig zu Ihnen und fragt um Rat. In einem ungünstigen und ungeduldigen Moment haben Sie ihm gesagt, dass Sie ihm vertrauen, dass er unternehmerischer denken und mehr Entschlossenheit zeigen soll. Seitdem meldet er sich nicht mehr so häufig bei Ihnen. Mit der Markenstrategie kommt er aber auch nicht voran. Sie fürchten, dass Sie mit Santosh den Falschen eingestellt haben. Im schlimmsten Fall müssten Sie ihn ersetzen, was Zeit kostet und die Arbeiten weiter verzögern würde. Sie müssen jetzt mit ihm sprechen, gleichzeitig wollen Sie die Situation nicht verschlimmern.

Leicht – Mittel – Schwierig – Grenzwertig?

9. Karl-Heinz

… ist seit 24 Jahren in der Produktion tätig. Er hat gesundheitliche Probleme und Fehlzeiten von 30 Tagen pro Jahr. Er zeigt keinerlei Motivation, seine Kollegen zu unterstützen oder sich selbst weiterzuentwickeln. Insgesamt ist Karl-Heinz' Leistung mittelmäßig. Wenn es um Überstunden geht, findet er immer Ausreden. Wenn Sie ihn auf diese Punkte ansprechen wollen, weicht er aus. Man bekommt ihn nicht zu fassen. Er ist so, als ob er einem immer wieder durch die Finger rutscht. Jetzt brauchen Sie ihn aber für dringende Sonderarbeiten an zwei Samstagen. Sie befürchten, dass er die Überstunden mit fadenscheinigen Begründungen ablehnen wird.

Leicht – Mittel – Schwierig – Grenzwertig?

10. Mandy

… ist 36 Jahre alt, begann als Entwicklungsingenieurin und arbeitete während der letzten drei Jahre als Kundenberaterin. Vor sechs Monaten ist sie in Ihr Team gewechselt. Sie ist nicht im Team integriert und ihre

Leistung entspricht nicht den Erwartungen. Während sie bisher nur ankommende Anrufe bearbeitet hat [Inbound], muss sie jetzt aktiv nach außen [Outbound] telefonieren. Sie soll inaktive Kunden und potentielle Neukunden über Produktentwicklungen informieren und Geschäfte anbahnen. Mandy fühlt sich nicht wohl mit ihrer neuen Aufgabe; denn sie möchte nicht als »Klinkenputzerin« wahrgenommen werden. Sie trauen ihr das ohne Einschränkungen zu und empfinden diese zusätzlichen Aufgaben als Bereicherung für ihr Jobprofil. Grundsätzlich ist sie weder leistungsschwach noch leistungsunwillig. Sie erledigt ihre Arbeiten aber immer noch wie früher und geht auch mit ihren alten Kolleginnen und Kollegen zum Mittagsessen. Ihre Leistungen sind entsprechend mittelmäßig und ihre neuen Kollegen ignorieren sie zunehmend. Es gab bereits einen Konflikt. Mandy hatten einen Kunden am Telefon, der sich offensichtlich im Ton vergriffen hatte. Mandy reagierte schroff und beendete das Gespräch ärgerlich. Ein Kollege sah das und wollte ihr dazu einen Rat geben. Sie wies ihn zurecht, dass ihn das nichts anginge und er solle sich um seine eigenen Dinge kümmern. Irgendjemand nannte sie eine Zicke. Aber dafür gibt es keine Zeugen. Sie haben das mitbekommen und müssen jetzt etwas tun.

Leicht – Mittel – Schwierig – Grenzwertig?

Bitte bewerten Sie jetzt den Schwierigkeitsgrad dieser Situationen und versuchen Sie, für Ihre Einordnung sachliche und unterscheidbare Kriterien zu benennen.

[…]

Fußnoten

[1] Gerald Hüther, Etwas mehr Hirn, bitte, Vandenhoeck & Ruprecht 2015.
- »Kein lebendes System existiert für sich allein. Es ist immer mit anderen Lebensformen verbunden und kann nur leben und sich weiterentwickeln inmitten von anderen …« [Seite 76]
- »Die einzige Strategie, die eine fortwährende, ungehinderte und ungestörte Entfaltung der in einem lebenden System angelegten Potentiale ermöglicht, ist die ständige Abstimmung und Rejustierung der innerhalb eines lebenden Systems etablierten Beziehungsmuster an die Erfordernisse, die sich aus einer möglichst engen und möglichst vielfältigen Beziehung der betreffenden Lebensform mit möglichst vielen und möglichst verschiedenartigen anderen Lebensformen ergeben.« [Seite 79]

[2] Menschen scannen andere Menschen in 150 Millisekunden. Kimberly D. Elsbach, Brillante Ideen besser verkaufen, HBM Dezember 2003.

[3] Thomas Junker, Die Evolution des Menschen, C.H.Beck, 2. Auflage 2008, Seiten 112 ff.

[4] Joachim Bauer, Prinzip Menschlichkeit – Warum wir von Natur aus kooperieren, Hoffmann und Campe, 2006 und Psychologie heute, Oktober 2006.

[5] Michael Tomasello, Warum wir kooperieren, Suhrkamp, 2010.

[6] Walter Mischel, Der Marshmallow Test, Siedler, 2015.

[7] Zur Entwicklung dieses Modells:
Der amerikanische Psychologe Henry Murray [1893 - 1988] präsentierte 1938 eine Persönlichkeitstheorie auf der Grundlage sogenannter sekundärer Bedürfnisse, die in den

1970er Jahren von David C. McClelland [1917 - 1998] weiterentwickelt wurde. Beide lehrten an der Harvard University. In seinem Buch »*The achieving society*« [1961] beschrieb McClelland drei dominante Bedürfnisse als Grundlage menschlicher Motivation: Erfolg [Achiever], Macht [Power] und Zugehörigkeit [Affiliater]. Seine Konzepte wurden von Richard Bandler und Klaus Grochowiak [1950 - 2020] im Rahmen der Entwicklung des Neurolinguistischen Programmierens [NLP] untersucht und in Kurzzeittherapien integriert. Manuel Jork und Jörg A. Petersdorf haben dieses Modell in den 1990er Jahren auf den heutigen Umfang erweitert. Auf dieser Grundlage wurden Führungsprogramme von Jork und Dr. Georg Michalik entwickelt und in Europa, in den USA, Kanada, Brasilien, Chile, Südafrika, Indien, China, Japan, Malaysia, Singapur, Südkorea, Thailand, Vietnam und Australien durchgeführt. Marcus Kaliga, Cockpit4me.de, hat für dieses Modell ein Online-Analyse-Verfahren entwickelt. Suzanne Johnson Vickberg und Kim Christfort haben das Modell in wesentlichen Teilen bestätigt, wissenschaftlich begründet und im *Harvard Business Review, March - April 2017*, unter dem Titel »*The New Science of Teamwork*«, veröffentlicht.

[8] Malcolm Gladwell, The Tipping Point, Back Bay Books, 2001, p. 196 ff., sowie diverse Veröffentlichungen zur Diffusionstheorie von Everett M. Rogers.

[9] Andreas Brandhorst, Das Schiff, Piper Verlag, 2015 [Vorsicht: Science-Fiction].

[10] Vorwort von Arnold Schwarzenegger zu Tim Ferris, Tools of Titans – The Tactics, Routines and Habits of Billionaires, Icons and World-Class Performers, Vermilion, 2016.

[11] Manuel Jork, Jörg A. Petersdorf, Krankengespräche leicht gemacht, DGFP, Personalführung, 7/96.

Empfehlenswerte Bücher und Artikel

Sich selbst reflektieren

Christopher Booker, The Seven Basic Plots – Why we tell stories, continuum, 2004 [Hier lernen Sie Ihren persönlichen Heimatfilm kennen und wie Sie das Drehbuch weiterschreiben können. Sie müssen dazu aber nicht das ganze Buch lesen. Es ist sehr lang].

Hans-Joachim Maaz, Der Gefühlsstau – Ein Psychogramm der DDR, Knaur, 1990 [Vorsicht: Das Buch tut weh. Vor allem wenn Sie aus der DDR kommen].

Hans-Joachim Maaz, Die narzisstische Gesellschaft, C.H.Beck, 2012 [Dieses Buch tut auch weh. Maaz tut eigentlich immer weh].

Harlich H. Stavemann, … und ständig tickt die Selbstwertbombe – Selbstwertprobleme erkennen und lösen, Beltz, 2011.

The New Science of Teamwork, HBR March – April 2017.

Kooperieren

Dr. Georg Michalik, Co-Creation – Die Kraft des gemeinsamen Denkens, Schäffer-Poeschel, 2020.

Gerald Hüther, Etwas mehr Hirn, bitte – Eine Einladung zur Wiederentdeckung der Freude am eigenen Denken und der Lust am gemeinsamen Gestalten, Vandenhoeck & Ruprecht, 2015 [Wenn Sie nicht wissen mit welchem Buch Sie anfangen sollen, dann nehmen Sie dieses].

Joachim Bauer, Prinzip Menschlichkeit – Warum wir von Natur aus kooperieren, Hoffmann und Campe, 2006 und Psychologie heute, Oktober 2006.

Robert Axelrod, The Evolution of Co-operation, Penguin Books, 1984.

Michael Tomasello, Warum wir kooperieren, Suhrkamp, 2010.

Coole Strategien anwenden
Dietrich Dörner, Die Logik des Misslingens – Strategisches Denken in komplexen Situationen, Rowohlt, 1989 [Die Bibel für alle Komplexitätsleidenden. Ein Muss für alle strategischen Führungskräfte].

Tim Ferris, Tools of Titans – The Tactics, Routines and Habits of Billionaires, Icons and World-Class Performers, Vermilion, 2016.

Georg Franzen [Hrsg.], Relationalität – Festschrift zum 70. Geburtstag von Matthias Sell, INITA, 2018.

Die richtigen Worte finden
Jacob, Lieb, Berger, Schwierige Gesprächssituationen in Psychiatrie und Psychotherapie, Urban & Fischer, 2009 [Im Grunde gilt das für alle Gespräche].

Carl R. Rogers, Barriers and Gateways to Communication, HBR July – August 1952, Reprint HBR November – December 1991 [Tipp für Familienaufsteller: hier wurde vermutlich zum ersten Mal die Übertragungswahrnehmung beschrieben].

Elisabeth Wehling, Politisches Framing – Wie eine Nation sich ihr Denken einredet – und daraus Politik macht, edition medienpraxis, 2016 [Die Idee des Framings aus dem NLP endlich einmal richtig groß aufgefaltet – Umparken im Kopf].

Dankeschön

Zu jedem Buch gehören Danksagungen. Diese interessieren aber keinen normalen Leser. Nur die Bedankten freuen sich darüber. Zu Recht. Einer allein kann nie alles schaffen. Das wissen wir von Arnold Schwarzenegger. Ich habe unzählige Menschen in Unternehmen kennengelernt, die diesen Gedanken mit Leben erfüllt haben. Mein gesamtes praktisches Erfahrungswissen verdanke ich Ihnen.

Gleichzeitig gibt es ein paar wenige, ohne die dies hier nie zustande gekommen wäre.

Zu diesem Kreis gehören zwei Menschen meines ersten großen Kunden. Susanne Dausch, durch die dies alles vor vielen Jahren überhaupt erst einen Anfang nehmen konnte und Cornelia Borger, ohne die ich so viele Wissensdetails nie ausführlich in der realen Welt hätte erproben und erleben können. Ganz herzlichen Dank.

Zwei Menschen meines langjährigen Schweizer Weltkunden gehören ebenfalls dazu. Karin Schweizer, die eine wichtige Tür geöffnet hat, durch die sich diese Inhalte entfalten und hinaus in die Welt strömen konnten und Michael Tepper, ohne den diese vielen kleinen Details nie ans Licht gekommen wären. Vielen Dank an Euch.

Dann gibt es vier kluge Köpfe, die mich mit ihren unerschöpflichen Ideen, Erkenntnissen und Taten stets bereichert und ermuntert haben. Jörg A. Petersdorf, der feinsinnigste Mensch und Coach, den ich kenne und mit dem ich 1992 meine ersten Seminare »Krankengespräche leicht gemacht« durchgeführt habe [11]. Marcus Kaliga, der wahrscheinlich schnellste Rallye-Fahrer unter allen Beratern jenseits von Mülheim an der Ruhr und der Erfinder der MOBIL-Online-Analyse. Georg Michalik, der vom Kunden zum Freund und Geschäftspartner geworden ist, ohne den ich nie über meinen Wohnort hinausgedacht hätte und mit dem ich in einer Pizzeria in Bangkok Pläne für kulturverbindende Führungsprogramme geschmiedet habe. Und schließlich Klaus Grochowiak [1950 - 2020], mit dem ich 1985 ein Call-Center aufgebaut habe. Wir haben den Arbeitstag immer erst nach einem ausführlichen Frühstück begonnen und uns dreimal täglich über NLP ausgetauscht. Das war damals neu. Das waren Zeiten. Da fing alles an. Danke Jungs.

Die aufrüttelnden Worte von Felicitas zu Beginn des Buches machen mich plötzlich zu einem Co-Aktivisten. Das gefällt mir. Herzlichen Dank Felicitas.

Ein besonderer Dank gilt meiner Lektorin. Mit messerscharfer Wahrnehmung, klarer Zielorientierung und hartnäckiger Durchsetzungskraft hat sie mir den Unterschied zwischen Sprechsprache und Schriftsprache beigebracht. Ohne Dich gäbe es dieses Buch in dieser Form nicht. Mir fehlen jetzt die passenden Worte …

Manuel Jork

… wurde 1955 in Berlin geboren, hat an der FU-Berlin Jura studiert und im Anschluss daran von 1982 bis 2000 als Rechtsanwalt und Personalleiter in Berlin und Frankfurt am Main gearbeitet. In dieser Zeit wurde er von Klaus Grochowiak zum NLP-Master und Consultant für System-Dynamiken zertifiziert. 1990 begann seine Tätigkeit als Berater und Coach. Er begleitet Führungskräfte und Verhandlungsprofis in Grenzbereichen und ist darauf spezialisiert, Kooperation zwischen unterschiedlichen Menschen herzustellen. Sein Fokus liegt auf Schnittstellen in Unternehmen. An Schnittstellen geschehen die erstaunlichsten Dinge. Vor allem entscheidet sich hier, ob Kompetenzen und Leistung zur Entfaltung kommen oder verloren gehen. Arbeitsrecht und Psychotherapie verbindet er mit Organisations- und Führungskräfteentwicklung. Gemeinsam mit einem Schweizer Unternehmen hat er ein internationales Führungsprogramm entwickelt, das weltweit umgesetzt wird. Die hier vorgestellten Kommunikationsmethoden finden dort Anwendung. Sie verbinden alle Kulturen. Er ist Mitglied von Mensa in Deutschland und der Akademie für Potentialentfaltung von Professor Gerald Hüther.

Kontakt

Für weitere Informationen:
www.jork.biz.

Online-Analysen zu den fünf Persönlichkeitstypen, zu Dynamiken in Teams und zur Transformationsfähigkeit von Unternehmen finden Sie unter www.cockpit4me.de.

Unter jork@jork.biz können Sie sich mit dem Autor über neue Konzepte für Lösungen von konkreten Fällen Ihrer Führungskräfte austauschen.

Outtakes

Es gibt eine unvermeidbare Wahrheit. Wir lernen aus Erfahrung, somit auch aus Fehlern. Im prallen Leben scheitern wir ständig. Dies gehört dazu, genauso wie der Humor, dies mit Fassung zu tragen.

1. Am Imbissstand

Sommer. Shopping Outlet. Lange Schlange an einem Imbissstand und eine Verkäuferin, die sichtlich mit den Nerven fertig ist. Sie ist mürrisch und nervös. Eine Kundin kommt endlich dran, um eine Flasche Wasser zu kaufen.

Verkäuferin: [Mürrisch] »Die nächste bitte.«
Kundin: »Ich sehe Sie haben heute aber auch einen harten Tag erwischt.«
Verkäuferin: [Überraschung]
Kundin: »Nervt alles, oder?«
Verkäuferin: »Sind Sie ´ne Sozialpädagogin, oder was?«
[Beide brechen in Lachen aus.]

2. Ein Paar

Sie beziehungsorientiert, introvertiert mit Interesse an Menschen. Er leistungsorientiert, extrovertiert mit Interesse an Aktivitäten.

Sie: »Ich würde heute gerne Bernd und Ulrike treffen.«
Er: »Und was machen wir mit denen?«
Sie: »Man muss doch nicht immer etwas machen. Ich möchte sie einfach nur mal wiedersehen.«
Er: »Wiedersehen? Und dann? Irgendwas muss man doch machen.«
Sie: »Du willst immer irgendetwas machen. Es reicht doch auch, wenn man sich mal Zeit nimmt und sich nur so trifft.«

Er: »Weißt du Schatz, was ich jetzt merke ist, dass dir die Beziehung zu Bernd und Ulrike wirklich wichtig ist.«

Sie: »Ja ... Toll, dass du das auch endlich merkst.«

Er: »Mein Eindruck ist, du bist ganz schön sauer auf mich.«

Sie: »Na ja, manchmal ist das etwas mühselig mit uns.«

Er: »Da hast du recht. Das tut mir leid.«

Sie: [Überrascht] »Was ist denn mit dir los?«

Er: »Was denn?«

Sie: »Du verarschst mich doch jetzt.«

[Beide lachen laut los]

3. Flirten

Zurück zu unserer Flirt-Szene:

Mann: »Ich bin von dahinten hergekommen und stehe jetzt hier.«

Frau: »Und?«

Mann: »Und du siehst mich überlegen, was ich jetzt sagen soll.«

Frau: »Da bin ich jetzt aber mal gespannt.«

Mann: »Mir ist etwas aufgefallen. Wenn ich das sagen darf ...?«

Frau: »Ja, bitte.«

Mann: »Ich sehe, dass du auf deiner Handtasche diesen Aufkleber für den Tierschutz hast. Das hat mir gefallen.«

Frau: »Ach ja.«

Mann: »Und meine Vermutung ist, dass du sehr achtsam bist.«

Frau: »Das stimmt.«

Mann: »Äh, hm ...«

Frau: »Was jetzt? Weißt du nicht weiter?«

Mann: »Äh ...«

Frau: »Komm, wir fahren zu mir.«

Mann: »Wie bitte????«

[Beide brechen in lautes Lachen aus]

4. Krankengespräch in einem Unternehmen

Personalchef: »Herr Bergfeld, wir müssen mal über Ihren
Krankenstand sprechen.«

Bergfeld: »Was soll damit sein?«

Personalchef: »Der ist zu hoch. Ich zeig Ihnen mal den
Verlauf der … «

Bergfeld: »Dafür kann ich doch nichts. Wenn ich
krank bin, bin ich krank. Ich bin doch nicht
absichtlich krank.«

Personalchef: »Herr Bergfeld, wir müssen jetzt hier mal
hingucken. Also …«

Bergfeld: »Wir müssen gar nichts. Ich geh jetzt
erstmal zum Betriebsrat und lass mich
beraten. Ich muss doch solche Gespräche
mit ihnen überhaupt nicht führen.«

Personalchef: »Herr Bergfeld, … Herr Bergfeld, ich sehe
… Herr …«

[Herr Bergfeld verlässt das Büro.]

5. Trennungsgespräch in einem Unternehmen

Personalchef: »Frau Köllner, ich habe heute eine
schlechte Nachricht für Sie. Wir müssen
uns von Ihnen trennen.«

Frau Köllner: [Fängt zu weinen an und hört damit nicht
wieder auf.]

Personalchef: »Frau Köllner … Frau Köllner … ich
merke … Frau Köllner, das ändert doch
nichts …«

[Frau Köllner weint weiter.]

6. Noch ein Trennungsgespräch

Personalchef: »Herr Manglitz, ich habe heute eine nicht so
gute Nachricht …«
Manglitz: »So wie bei Frau Köllner? Die hat sich bis
heute nicht beruhigt. Was haben Sie ihr nur
angetan. Und jetzt wollen Sie Ihr Glück bei
mir versuchen? Kommt gar nicht in Frage.
Ich gehe erstmal zum Betriebsrat.«
Personalchef: »Herr Manglitz, der Betriebsrat weiß doch
Bescheid. Herr Manglitz? Herr Manglitz
…«
[Herr Manglitz hat den Raum schon verlassen. Der
Personalchef vergräbt seinen Kopf in den Händen]

7. Vater und Sohn

Tobias, 15 Jahre alt und voll in der Pubertät, sitzt vor dem
PC und daddelt. Schon seit Stunden. Hausaufgaben macht
er nicht. Die Schule hat sich schon bei den Eltern gemeldet.

Vater: »Tobias, ich sehe du sitzt da vor deinem PC
und …«
Tobias: [Dreht sich lässig auf dem modernen
Bürostuhl zum Vater um]
»Papa, lass den Psychoscheiß.«
[Und dreht sich wieder zurück zum PC]

8. Am Bratwurststand

Kunde:	»Die sehen aber mickrig aus für € 4,80. Die sind kleiner und teurer als bei Peggy.«
Verkäuferin:	»Die hat ja auch nicht so eine teure Standmiete. Wir müssen uns hier den ganzen Tag die Beine in den Bauch stehen, auch wenn keiner kommt.«
Kunde:	»Dann hätten Sie sich einen anderen Beruf aussuchen müssen.«
Verkäuferin:	»Dann gehen Sie doch zu Peggy.«
Kunde:	»Gute Idee …«
[Kunde geht]	

9. Am Backwarenstand im Supermarkt

Die Verkäuferin hat gerade gehustet und bedient jetzt eine Kundin.

Verkäuferin:	»Sie wünschen bitte.«
Kundin:	»Vier Brötchen … warten Sie mal. Sie haben gerade in Ihre rechte Hand gehustet und jetzt fassen Sie damit meine Brötchen an. Ich sehe das.«
Verkäuferin:	»Wie bitte?«
Kundin:	»Husten … rechte Hand … Brötchen …«
Verkäuferin:	»Und jetzt?«
Kundin:	»Wie wäre es mit Händewaschen und künftig in die Ellenbeuge husten?«
Verkäuferin:	»Was?«
Kundin:	»Schon gut …«
[Und geht]	

10. Im Hotel

Ein Reisender steigt in einem kleinen Landgasthof in der Nähe einer Großstadt ab. Der Landgasthof wird von der Inhaberin geführt. Sie holt den Gast vom Parkplatz ab und führt ihn korrekt durch den Check-in-Prozess. Er weiß danach, dass er es mit einer ordnungsorientierten Persönlichkeit zu tun hat. Sie ist akkurat, höflich, verantwortungsbewusst, liebt Struktur und klare Abläufe. Der Gast weiß jetzt, hier kann er sich entspannen, alles wird gut, er muss sich nur ordentlich benehmen. Aber was ist ordentliches Benehmen in diesem Fall?

Gast: »Sagen Sie mal, Sie sind ja akkurat.«
Dame: »Ja?«
Gast: »Na ja, Sie takten Ihre Gäste ganz schön ein.«
Dame: »Damit alles seine Ordnung hat. Gefällt Ihnen das nicht?«
Gast: »Doch. Es ist nur etwas ungewohnt.«
Dame: »Sind Sie ein Freigeist?«
Gast: »Ja. Das haben Sie gut erkannt.«
Dame: »Dann sind Sie bei mir richtig. Erst in einer klaren Ordnung kann sich der Geist frei entfalten.«
Gast: [Fängt an zu lachen].
Dame: [Fängt ebenfalls an, prustend zu lachen].